LOCUS

LOCUS

LOCUS

LOCUS

Smile, please

smile 27 選股投資策略

作者：司馬相

責任編輯：韓秀玫

美術編輯：何萍萍

法律顧問：全理法律事務所董安丹律師

出版者：大塊文化出版股份有限公司

台北市117羅斯福路六段142巷20弄2-3號

讀者服務專線：080-006689

TEL：(02) 29357190　FAX：(02) 29356037

信箱：新店郵政16之28號信箱

郵撥帳號：18955675　　戶名：大塊文化出版股份有限公司

e-mail:locus@locus.com.tw

行政院新聞局局版北市業字第706號

總經銷：北城圖書有限公司

地址：台北縣三重市大智路139號

TEL：(02) 29818089 (代表號)　FAX：(02) 29883028　9813049

排版：天翼電腦排版有限公司

製版：源耕印刷事業有限公司

初版一刷：1999年8月

定價：新台幣**250**元

ISBN 957-8468-92-X

Printed in Taiwan

選股投資策略

司馬相／著

自序

司馬相

一九九八年十二月下旬出版《顛覆投資策略》主要是闡述投資新觀念。

任何產業在殺價競爭的時代，沒有人能知道谷底在那裡？

我原先估計低價電腦至一九九八年十二月底桌上型個人電腦每台四九九美元應是谷底，誰知道一九九九年元月初韓商推出的個人電腦一口氣就殺到二九九美元，影響所及，直接受害的就是以接國際個人電腦大廠代工（ＯＥＭ）零組件業者，必然要跟著降價，嚴重侵蝕到獲利，這也是零組件業者如光寶、達電、華通、鴻海一九九九年第一季營收較一九九八年第四季營收要大幅衰退，獲利不如預期的原因，是我始料未及的。

一九九八年九月底，自東隆五金爆發護盤股價致財務危機，至一九九九年第一季止，因護盤股價致股價暴跌的公司，計有三十八家。

當上述這些公司爆發危機時，你若不幸持有這些股票，賣都賣不掉，連停損的機會都沒有，你的技術分析再厲害，動作再快，有啥用呢？很多無知的散戶就這樣一夜之間，財富化為烏有，想來不禁令人感傷，可見基本面還是有它不可取代的功能。

這兩年暢銷的理財書，談的都是一些大道理，就好像李總統給宋楚瑜的八字眞言：「諸法皆空，自由自在」，能體會是一回事，能否身體力行才是最重要的事，當然，這些暢銷書都沒有談到產業基本面實例，無法讓讀者配合書中內容去做投資。

「基本面」，是很籠統的三個字，誰都可以琅琅上口，但是，要從何著手，卻令人無所適從，我願意扮演一個指點迷津者，讓讀者在股市的投資不必浪費太多的時間，並瞭解到「基本面」是要投入許多功夫去研究的。

技術面，我認爲五四二二點是長線第四波底部，而且由六二一九點至五四二二點屬於超跌段，「有超跌必有超漲」，明年年中台灣股市必然有穿越第三波高點一〇二五六點的實力，有超漲至一二〇〇〇點的可能性。畢竟，總統大選與一般國會大選不一樣，它直接關係到未來兩岸是否走向和平或戰爭？一個美日飛彈防禦系統（ＴＭＤ）把台灣列入防區，中共已經憤怒至極，認爲美、日是在干涉中國內政，未來總統當選人要有智慧來化解對岸的疑惑，並且讓兩岸走向「雙贏」，而不是「蠻幹」。

本書從一九九八年十二月下旬撰稿至一九九九年元月底完成初稿，三月初開始進行原稿修正，至三月底完成總修正，計分大環境篇、傳統產業篇、科技產業篇、選股祕訣篇，以章節方式選定未來一年市場關心的產業做詳細的分析，相信對讀者在未來一年的

「選股策略」上會有很大幫助。

《顛覆投資策略》祇是告訴你投資新觀念，但這本《選股投資策略》則告訴你牛肉在那裡？以及如何去找牛肉。

本書的出版要感謝老友——任職萬盛證券投顧的賴總經理憲政，他積極鼓勵我朝向理財專業作家的路子走，也感謝大塊文化全體同仁的傾力幫忙，在此一併致謝。

目錄

壹

大環境篇

美國經濟邁入第九個成長年度，網際網路帶動了第三波工業革命，

電子商務帶來的商機每年呈現倍數成長，

將使美股在一九九九年底有見一萬二千點水準。

日經指數突破一萬五千點，站穩一萬七千點，正朝向二萬大關邁進，

台股則展開長線第五波，主升段遙看九千五百點，

末升段突破萬點，挑戰一萬一千點，

甚至不排除有突破一二六八二點的可能性

一、美國股市

1.美國股市突破萬點

一九九八年八月中旬俄羅斯盧布一夜之間劇貶五〇%，由六・三盧布兌一美元劇貶到九・五盧布兌一美元，隨後實施的浮動匯率，更使俄羅斯盧布一路狂貶，直到二〇・五盧布兌一美元方才止跌走穩，至一九九九年三月底二四盧布兌一美元，俄羅斯匯率仍不穩定。

俄羅斯盧布引爆的全球第二波金融危機，造成全球金融市場大跌，紐約道瓊工業指數由九三六七點也順勢回檔到七四〇〇點。

市場在一片悲觀氣氛中，我在《顛覆投資策略》一書的第一三七頁，就曾大膽指出，美國電子高科技及生物科技、娛樂科技所帶動的市場需求，極有可能在一九九九年再把道瓊指數推向另一個高峰，走出第十一浪走勢而突破九三六七點，且有漲到一〇五〇〇至一一〇〇〇點實力。

果然，道瓊指數在七四〇〇~八一〇〇歷經三十二個交易日整理，代表高科技的那

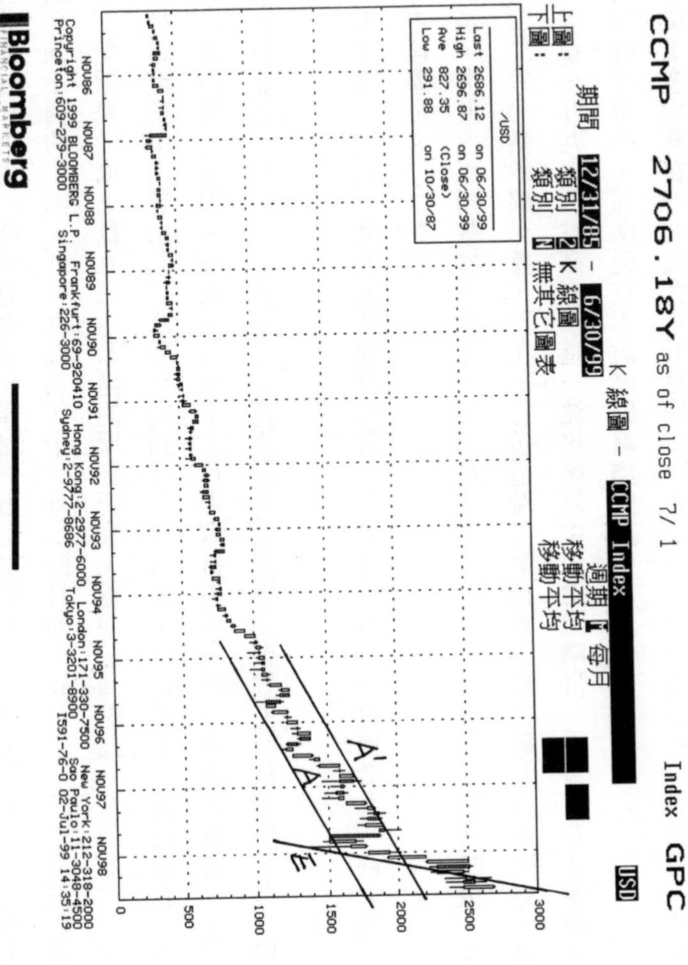
CCMP 2706.18Y as of close 7/ 1
Index GPC
K 線圖 - CCMP Index
USD
期間 12/31/85 - 6/30/99 週期 W 每月
上圖: 類別 2 K 線圖 移動平均
下圖: 類別 N 無其它圖表 移動平均
/USD
Last 2686.12 on 06/30/99
High 2696.87 on 06/30/99
Ave 827.35 (Close)
Low 291.88 on 10/30/87
A'
A
E
Bloomberg
Copyright 1999 BLOOMBERG L.P. Frankfurt:69-920410 Hong Kong:2-2977-6000 London:171-330-7500 New York:212-318-2000
Princeton:609-279-3000 Singapore:226-3000 Sydney:2-9777-8686 Tokyo:3-3201-8900 Sao Paulo:11-3048-4500
I591-76-0 02-Jul-99 14:35:19

圖1—1

斯達克指數在一九九八年十月九日出現一三五七最低點，完成縱深近六五〇點大W底，並一路看回不回的走高，到一九九八年十一月二四日即突破二〇〇〇點再創新高，也帶領道瓊工業指數一度上探九三六七點的歷史新高，盤中最高點九三八〇點。

隨後道瓊工業指數由九三八〇點回到八六七六點，但是那斯達克指數在一九五〇～二一〇〇做小W底整理，一九九八年十二月十八日起再走出一波更大行情，在一九九九年元月八日見到二四〇〇點高峰，也順勢帶動道瓊工業指數同日上漲到九六四七點高峰。

道瓊工業指數在一九九九年元月八日～二月十五日，一直處於九六四七點～九〇八七點的中段整理。

但是，那斯達克指數於一九九九年元月三十一日見到二五三三點高峰後，居然一口氣回到二二〇〇點頸線支撐，而在三月份道瓊工業指數再度突破九六四七點，到三月十三日一度攀上九九五八點高峰，這一波攻勢是由金融業購併、零售、石油類股及景氣循環原物料股所帶動，那斯達克指數已經淪爲配角。

道瓊工業指數在一九九九年五月四日攻上一一〇三五點高峰，帶動這一波漲勢是以與石油業有關的個股如德士古、艾克森、杜邦、美孚石油及經營金融服務的運通銀行、

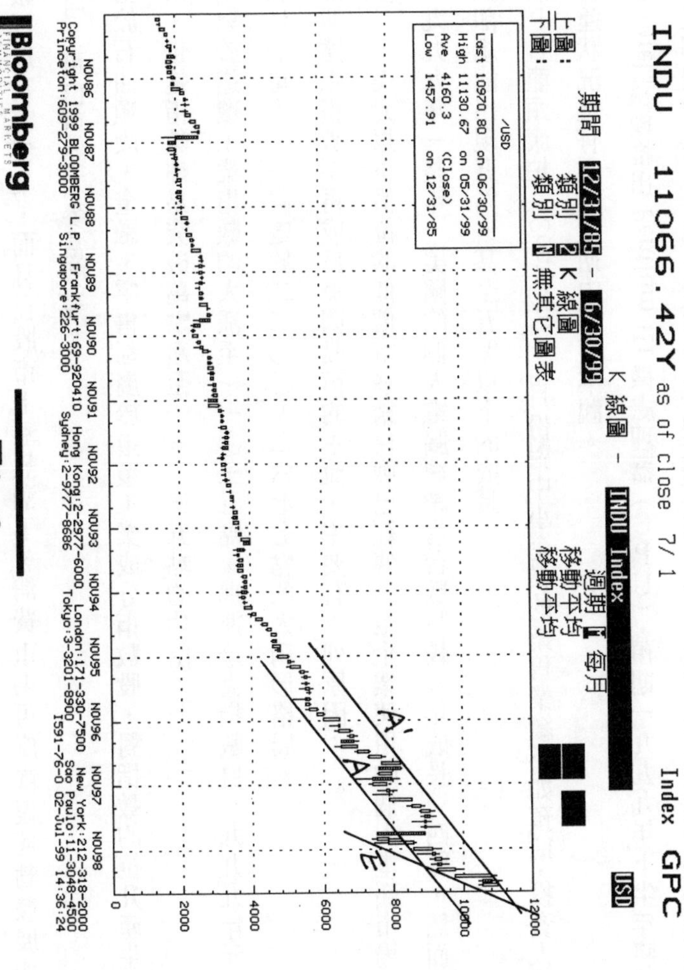
INDU 11066.42Y as of close 7/ 1
Index GPC
K 線圖 - INDU Index
USD
期間 12/31/85 - 6/30/99
上圖: 類別 2 K 線圖
下圖: 類別 N 無其它圖表
週期 每月
移動平均
移動平均
/USD
Last 10970.80 on 06/30/99
High 11130.67 on 05/31/99
Ave 4160.3 (Close)
Low 1457.91 on 12/31/85
A'
A
E'
NOV86 NOV87 NOV88 NOV89 NOV90 NOV91 NOV92 NOV93 NOV94 NOV95 NOV96 NOV97 NOV98
0 2000 4000 6000 8000 10000 12000
Copyright 1999 BLOOMBERG L.P. Frankfurt:69-920410 Hong Kong:2-2977-6000 London:171-330-7500 New York:212-318-2000
Princeton:609-279-3000 Singapore:226-3000 Sydney:2-9777-8686 Tokyo:3-3201-8900 Sao Paulo:11-3048-4500
I591-76-0 02-Jul-99 14:36:24
Bloomberg
FINANCIAL MARKETS
COMMODITIES
NEWS

圖1—2

花旗銀行以及零售業，而且在股市上漲熱潮下，消費市場再度恢復蓬勃發展如WAL-MART、可口可樂、麥當勞等。

由於石油類股、金融、零售都屬於道瓊工業成分指數股，對指數的拉升產生相當大的效果，也是指數輕易突破萬點漲至一一〇三五點的功臣。

相對於道瓊工業指數的大漲至一一〇三五點，那斯達克指數自一九九九年元月份以來至五月上旬止，一直處於二二〇〇～二六七七點的大箱形格局。

那斯達克指數不再成爲美國股市的主流，主要有下列原因：

⑴一千美元以下價位的低價電腦銷售戰已經傳染至企業使用的個人電腦市場，即使預估一九九九年一整年，美國的個人電腦總銷售台數將較去年成長一四％，然而其總銷售金額卻祗能出現五％，甚至五％以下的成長。

以PC龍頭康柏（Compaq）元月份對中小企業的銷售業績不如預期，投資人擔心其今年營運狀況沒有原先預期中那麼樂觀。

⑵Intel積極推出Pentium III微處理器（CPU），預期一九九九年下半年將開始應用PC及伺服器（Server），在新舊產品交替之際，可能引起消費者觀望的採購遞延。

尤其，過去個人電腦製造商帶來商機，原因在於新電腦機種的售價高、利潤佳。

但是以目前 Pentium III 訂價策略來看，當配備十五吋監視器、64MB（百萬位元組）DRAM、4.3GB（十億位元組）硬碟機、數位影音光碟機（DVD-ROM）等相同週邊設備時，Pentium III 與 Pentium II 電腦的差價大約是新台幣九千元。

以目前主流 Pentium II 400 MHZ 與 Pentium III 450 MHZ，光CPU單位便差了新台幣八千元，其餘一千元差價在於主機板，電腦製造商在 Pentium III 上的銷售利潤與 Pentium II 差不多。

即使有部分廠商將 Pentium III 售價訂在「接近六萬」，比陽春型 Pentium III 機種高出一萬元，卻採高檔的十七吋監視器、128MB DRAM、10.2GB 硬碟機等設備，採購成本大約增加一萬元，利潤空間恐怕也相差無幾，充其量祇能衝「營業額」，對獲利的提升依然有限。

所以，低價電腦已經使電腦製造商不再享有高額的製造利潤，而已經走向行銷、服務來創造利潤，這也是康柏、戴爾相繼介入「網際網路」的主要原因。

(3)美光（Micron）在良率快速提升下，一九九九年第二季 64MB DRAM 產量可能增加四成以上，致一九九九年三月份起 64MB DRAM 現貨價已經由元月份最高峰每顆十一．〇六美元跌到第二季五美元。

(4)網路概念股3COM亦發布營運警訊，主因競爭激烈導致產品價格下跌。

(5)一九九九年三月十三日美國軟體公司甲骨文公布第三季營收成長數字不佳，並警告近期內獲利可能受挫的影響，甲骨文股價單日下跌二一%。

我們再由具代表性個股股價分析：

康柏由一九九九年最高價五十一美元，重挫至第二季的二十二美元，距高點有五七%的跌幅，戴爾分割後最高價五十五美元，第二季最低殺到四十美元，跌幅二七%。

代表網路的思科由最高點一二〇美元跌至最低點一〇三美元，約有一四%跌幅，雅虎自最高點二四四美元跌到第二季最低點一六一美元，有三四%的跌幅。

代表半導體的美光（Micron）自一九九九年二月份最高點八十美元，跌到第二季最低點三十六美元，跌幅五五%。

2. 油價上漲，將使通貨緊縮消失

美國股市最近這四年多來的大多頭行情，是建立在低利率、低物價、低通膨、低失業率身上。

但是一九九九年三月十二日全球五大產油國的能源部長在荷蘭海牙達成減產協議，

自四月一日起每天減產二百萬桶以上，倫敦北海布蘭特原油自一九九八年十二月中旬出現每桶九・八美元最低點後，至一九九九年五月上旬反彈至十七美元，反彈幅度七三％，顯示低油價時代已經結束。

雖然，目前全球各國的原油供應量爲每天七千五百萬桶，兩百桶相當於其中的三％，減產有限，但也意味著過去幾年油價的不斷下滑，爲沙烏地阿拉伯、伊朗、委內瑞拉等產油國家的財政帶來巨大衝擊。

以一九九六年平均油價每桶二十一・七美元，一九九七年金融風暴爆發後，平均油價降爲十八・七美元，一九九八年十二月曾經跌到每桶九・八美元，比一九九七年同期大跌四二％。

雖然原油在亞洲經濟未復甦之前，不太可能上漲到每桶十八美元的高價位，但產油國爲了改善財政，也必然會維持油價每桶十四至十六美元價位，如此一來，這幾年來全球通貨緊縮的現象將因油價的上漲而化解。

美國聯邦理事主席葛林斯班一九九九年二月二十五日在國會作證時，也認爲要再見到去年的低油價並不容易。

一九九八年九月爲了減緩美國及全球金融市場的信用緊縮，Fed主導六年來最密集的降息行動，分三階段將聯邦基金利率降至四．七五％，結果美國去年締造將近四％的經濟成長率，且將在一九九九年四月進入第九個擴張年頭。

3.美國股市長期展望

油價上漲，雖使得Fed升息的期望落空，但卻有助於新興國家及產油國家經濟體的復甦，對全球經濟恢復繁榮有莫大的助益。

美國不僅在高科技是全世界領導者，在傳統產業也仍是價格主導者，股市不再依賴少數科技股硬撐指數，而是輪動格局，這反而是一種健康的走勢，「萬點」將是美國股市的新里程埤。

那斯達克指數雖有回到二二〇〇點的可能性，且有可能進一步帶動道瓊工業指數先做大幅度拉回修正，但不易再跌落到九三六七點之下，即可能是九五〇〇～一一〇〇〇點箱形格局。

今年第三季美國科技股若能擺脫近半年年的軟弱走勢，配合千禧年Y2K的需求、硬體及軟體的需求回升，將帶動那斯達克指數突破二六七七點高峰往三〇〇〇點邁進，那麼一九九九年底之前，道瓊工業指數可望朝向一二〇〇〇點目標前進。

二、日本股市

我在《顛覆投資策略》書中第一三七頁曾提示日經指數若能守住一三〇〇〇點大支撐，使一三〇〇〇點是堅強底部區，在未來半年日經指數應可持穩在一三〇〇〇～一五〇〇〇點箱形大格局，則一九九九年日本經濟成長一％，公元二〇〇〇年日本經濟應該可以眞正復甦，一九九九年第二季日經指數就可突破一五〇〇〇點壓力，正式展開一波比較長期的多頭攻勢，且有攻向二〇〇〇〇點實力。

果然，日經指數在一九九九年三月十一日正式突破一五〇〇〇點壓力，結束自一九九八年十月一二七八七點以來至一五〇〇〇點大盤整格局，三月十六日甚至突破一六〇〇〇點，收盤指數一六〇七二點，拉開一五〇〇〇點的距離，至五月六日收盤指數一七一三七點已經確立一五〇〇〇點不易再跌破。

日本一九九八年經濟成長率負二・八％，但下列的訊息透露出日本經濟已有觸底的跡象：

⑴一九九八年十二月一日，日本國會通過二十三兆日圓刺激經濟方案，以徹底解決日本國內金融機構不良債權高達八十七兆日圓。並且在一九九九年三月上旬再宣布將挹

注七兆四千多億日圓公共基金來援助日本前十五大銀行勾銷壞帳，顯示日本政府要達成今年（一九九九年）經濟成長率〇．五%的決心相當強烈。

⑵個人的消費支出幾乎已經停止下降的趨勢，但氣勢仍相當疲弱，主要是所得無法提升所致，但隨著經濟觸底回升，將在未來一年改善。

⑶美國允許日圓有限度貶值，且將日圓固定在某一區間，而這個區間就是一一五至一二五日圓兌一美元的盤整，有利出口類股競爭能力。

日本一九九九年元月份經常帳順差比去年同期大幅增加七二%，更值得注意的是元月份資本帳由逆差轉爲巨額順差，顯示日本金融資產對海外投資人的吸引力正與日俱增。

日本元月份經常帳順差未經季節性因素調整前爲八千零七十五億日圓，比去年同期增加七二%。

實際上，元月份日本進、出口皆雙雙呈現下滑之勢，元月份經常帳順差則激增，主要是因爲元月份進口減幅遠大於出口減幅所致。

元月份進口比去年同期遽減二四．五%，達二兆四千零四十億日圓，而去年元月則爲三兆一千八百二十四億日圓。元月份出口比去年同期下降一〇．九%，達三兆三千三百三十一億日圓，去年元月出口爲三兆七千三百七十五億日圓。

日本這波由一九九九年三月初一四〇〇〇點上漲到一六〇〇〇點，漲幅超過大盤，且以銀行類股及出口類股爲主。如重整脚步積極的富士銀行上漲二成，櫻花銀行上漲二五％，日本興業銀行上漲二成。

在出口類股方面，日立、佳能、松下電器漲幅都在一五％以上，東芝漲幅超過一成。IDC三月份公布今年日本國內的PC出貨量可望成長一〇％，高於元月份IDC預估的六・二％，是近三年來首次出現成長的情況。

由於消費者對於蘋果電腦推出的iMAC桌上型PC以及新力公司的Vaio筆記型電腦相當有興趣，需求量也在增加當中，因此預估今年日本在PC出貨量會達到八百七十四萬三千台，由於市場展望樂觀，故電子類股表現頗佳。

當然，日本銀行業長久和大企業之間的關係就一直曖昧不明，交叉持股的情況相當複雜。

銀行對大企業之間的放款幾乎沒有利潤可言，一旦企業還不出錢來，銀行也祇有默默吞下。因此日本銀行在重整的過程中，不祇是在成本控制上下功夫，還必須進一步鑽研賺錢之道，祇有提升銀行的獲利能力，對銀行股的股價也才會有進一步的提振效果。

由日經指數月線，在一二七八七～一五〇〇〇點整理五個月，一九九九年三月份正式突破一五〇〇〇點，祇要正式突破一七〇〇〇點，則一九八九年最高點三八九五七點與一九九七年五月份二〇〇〇〇點所延伸下來的長期下降壓力線就可正式突破，正式結束空頭市場，一五〇〇〇點應可形成堅強支撐。

目前日本長期存款利率祇有一%、放款利率二%，最近市場利率雖往上提升〇．五%，但較諸美歐各國仍屬於最低水準。日本的問題在銀行資金流動性不足，而民間消費能力低落，如何提高生產力並帶動消費能力提升，才是其最主要的課題。

由於美國股市道瓊工業指數有可能在突破萬點大關後，直奔一一〇〇〇點暫時結束多頭走勢，且高科技類股獲利不如預期，那斯達克指數在一九九九年第二季末期有可能大幅滑落，並且拖累美股，美股有從一一〇〇〇回到九五〇〇點的可能性，對全世界金融市場將帶來極大殺傷力，屆時日經指數的角色就相當重要。

日經指數能否成爲在美股大幅滑落時適時發揮中流砥柱角色，關鍵在於日經指數能否力守一五〇〇〇點關卡，以日經指數第二季已站穩一七〇〇〇點來看，並不因難。畢竟日本股市已經整整走了十年空頭，目前股價仍屬於低價，要做防守性角色並不困難。

當然，經濟數據顯示自一九九八年以來至一九九九年第一季，日本經濟可望出現連

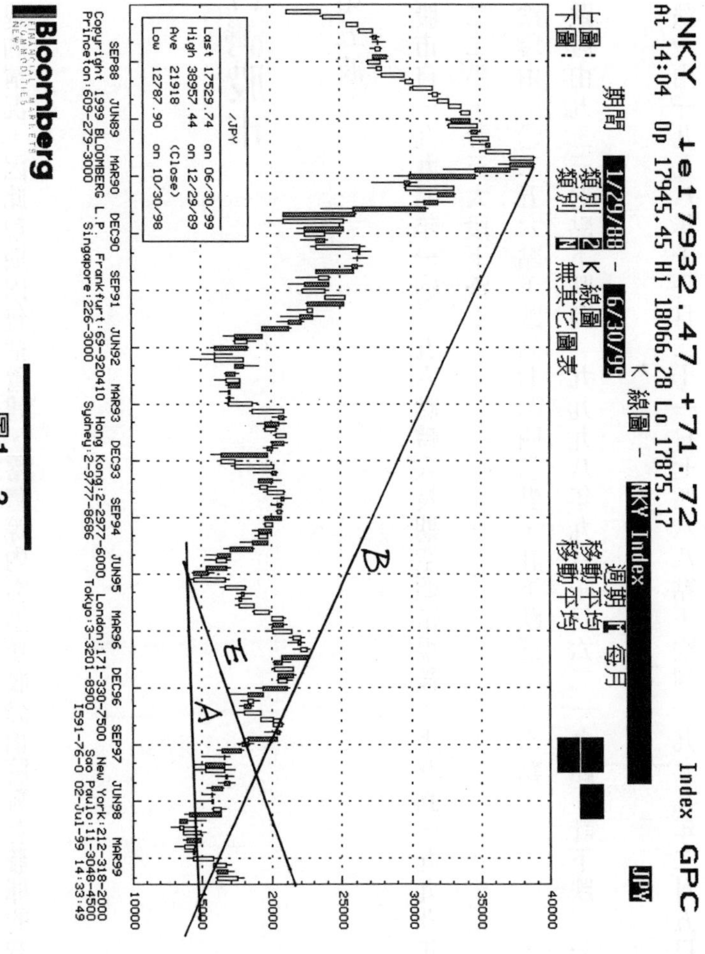
NKY ↓e17932.47 +71.72 Index GPC
At 14:04 Op 17945.45 Hi 18066.28 Lo 17875.17
K 線圖 - NKY Index JPY
上圖: 期間 1/29/88 - 6/30/99 週期 M 每月
類別 2 K 線圖 移動平均
下圖: 類別 N 無其它圖表 移動平均
/JPY
Last 17529.74 on 06/30/99
High 38957.44 on 12/29/89
Ave 21918 (Close)
Low 12787.90 on 10/30/98
B
E
A
SEP88 JUN89 MAR90 DEC90 SEP91 JUN92 MAR93 DEC93 SEP94 JUN95 MAR96 DEC96 SEP97 JUN98 MAR99
10000 15000 20000 25000 30000 35000 40000
Copyright 1999 BLOOMBERG L.P. Frankfurt:69-920410 Hong Kong:2-2977-6000 London:171-330-7500 New York:212-318-2000
Princeton:609-279-3000 Singapore:226-3000 Sydney:2-9777-8686 Tokyo:3-3201-8900 Sao Paulo:11-3048-4500
1591-76-0 02-Jul-99 14:33:49
Bloomberg

圖1—3

續五季衰退的情況，因此短期內包括營建、零售等內需型類股恐怕將難有發揮的空間。

三、台灣股市

1.長線第五波

台灣股市自一九九七年一〇二五六點轉入長期空頭市場後，下跌到一九九九年二月五日五四二二點，計三大段下跌：

⑴初跌段由一〇二五六點下跌到七〇四〇點，計下跌三二一六點。

⑵主跌段由九三三七點下跌到一九九八年九月一日六二一九點，計下跌三一一八點。

⑶末跌段由一九九八年十一月二十一日七四八八點下跌到一九九九年二月五日五四二二點，計下跌二〇六六點。

實際上，末跌段由七四八八點，計下跌到五四二二點，屬於不理性下跌的超跌段，導因於有許多上市公司，護盤股價，導致的財務危機，有些雖然沒有引起公司財務危機，但也令公司元氣大傷。有上述情形的公司計有：味全、台鳳、台芳、順大裕、普大、達永興、福益、瑞圓、金緯、聚隆、正道、中精機、元富、台光、三晃、聚亨、新泰伸、美亞、鋒安、中鋼構（純是市場主力亂炒，與公司無關）、國產車、廣宇、亞瑟、大業、環電、國揚、宏福、長億、啓阜、三采、尖美、東隆五金、櫻花建、美式、櫻花、大華（純是市場主力亂炒，與公司當局無關）、大鋼、友力等。影響所及，在三十八家公司股價狂跌，市場信心幾近崩潰的情形下，才會有末跌段由七四八八點在短短一個多月下跌了二千點，至五四二二點方才止跌。

實際上，若沒有爆發上述公司護盤股價引致股價暴跌，六二一九應是這波空頭市場的底部。

大盤出現五四二二點底部後，農曆年封關後至開紅盤前一個交易日，央行突然釋放超級大利多，大幅調降存放款準備率及銀行業營業稅由五%降爲二%，預計每年可爲銀行業增加五百億元的盈餘，預計四～五年內可打銷壞帳二千至二千五百億元，按目前全體金融機構如加計上述地雷企業所引爆逾期放款約有六千億元，估計會有三千億元列入壞帳，央行釋放的大利多限於打消呆帳，但對於一些逾放比偏低的銀行如中銀、北商銀、世華、華信、中信銀，其逾放比均不超過二・五％，比全體金融機構逾放比超過五％低了一半。因此在央行大利多釋放之後，這幾家銀行所增加的盈餘除了足以打銷壞帳之外，仍可以增加不少稅前盈利，屬於中長期利多發酵下實質獲利增加的成長股。

此外，財政部也積極鼓勵金融機構合併或併購，並且給予租稅上的優惠。

過去，金融機構的併購是由老銀行或新銀行併購體質較差的基層金融機構信合社，不僅無法爲老銀行及新銀行本身先帶來盈餘的增加，甚且初期要背負信合社過高的逾期放款，不僅導致本身盈餘的減少，對自身的營運也有不利的影響。

未來金融機構的合併，勢必是由兩家或兩家以上體質相近的銀行進行合併如中銀與世華、三商銀的合併等。

鄰近的日本，最近興起的銀行購併如富士銀行、櫻花銀行、三菱銀行在此一題材下，股價都有三五～五○％的漲幅。

金融股在財政部及央行釋放利多的情形下，是大盤由五四二二點拉升重回六二○○點之上的大功臣，下半年在績優金融機構獲利的實質增加以及合併、併購題材的發揮之下，勢必是主升段帶動的主流股。

台灣股市由五四二二點反彈上來之後，初期由金融股領軍突破六二〇〇點關卡，接下來外資大買IC代工兩大龍頭如台積電、聯電，指數緩步盤堅，配合油價在油國聯合減產的利多下，站上六六〇〇點。一九九九年三月十八日布侖特原油漲至每桶十三・七八美元，是近五個多月來的高價。原油的大漲也促使其衍生物乙烯跟著大漲到每噸三百六十美元，其下游衍生品如PVC、PE、PP等也跟著走高，加上化纖業的聯合減產，南亞、華隆聚酯絲每公斤上漲二元，聚酯加工絲每公斤漲三至五元，尼龍絲在下游塔夫塔布接單轉好的情況下，每公斤由五十元彈升到六十元，彈幅近二〇％。

金融業有政府強烈做多，加上IC代工龍頭的領導及各產業龍頭股如台塑、南亞、遠紡、長榮海運的領軍，配合原物料的上漲，帶動了塑膠、化纖的上漲，形成類股輪漲的格局；這些均是大盤由五四二二點反彈上來之後，能直攻七〇〇〇點，並且指向七四八八點的主要原因。

初升段由一九九九年二月五日五四二二點起漲，分五波三大段上漲至四月二十一日七七〇三點，計上漲二二八一點。

初升段上漲具有下列特色：

(1)具有強烈轉機訴求的個股，由於在股價已低的情況下，往往會有一倍的漲幅，有些塑膠股如福聚由去年（一九九八年）九月一日十七．五元漲至五十九．五元，淨漲幅二．四倍，華紙由一〇．三五元漲至二十九．二元，淨漲幅一．八倍。即使金融股低逾放比的新銀行如華信、台新、玉山，淨漲幅也有一倍。

⑵輪動上漲，沒有明顯的主流類股，是這波多頭市場的特色。

七七〇三點回檔a．b．c修正至七二〇九點，實際上七二〇九點可算是主升段的起漲點，領先上漲的個股是隨著一九九九年第一季財報公布後，獲利突出的業績成長股如電子股的華碩、技嘉、微星、國碁、虹光、華宇、達電、中環、錸德、聯強等。反而在初升段漲幅逾倍以轉機爲訴求的塑膠、化纖、紙類、鋼鐵等景氣循環股，正進行回檔修正。

主升段的特色，在於尋求業績成長股，不過一些未來獲利有可能改善的個股，也有可能是主升段的主流股，如三商銀受惠於逾放比的降低，獲利的爆發性絕非新銀行所能相比，國壽在股市走多頭的情況下，第二季股票收益必然會大幅成長，新壽第二季股票沖回損失也會有可觀數字，榮化LPG第二季開放進口，業績必然會有爆發力。

甚至以通訊板PCB爲主的楠梓、燿華，在業績已於三月見谷底、第三季將轉好的情況下，股價也將有發揮的空間。

由於初升段五四二二點至七七〇三點是以五波三大段上漲，預期七二〇九開始的主升段也同樣是以五波三大段上漲，在第四季之前應可見到九三〇〇至九五〇〇點。長線初升段至主升段走完之後，通常才會有較大的回檔修正，因此我預估主升段完成後，會再回到八五〇〇點附近。

明年（二〇〇〇年）總統大選前三個月，應是在八五〇〇～九五〇〇點箱形大整理，大選結束，末升段走勢起碼會突破一〇二五六點。

當然，突破一〇二五六點是否會出現延長走勢，要看當時整體政治環境以及國際股市是否持續繁榮，若是外在環境的一切屬於好的一面，則延長波就有可能挑戰一萬二千點，出現時間點應是在明年七月至八月間。

2.台灣未來的隱憂

我認爲在未來不到二年是台灣股市長線第五波最後一次大多頭市場的機會，應好好把握住這個賺錢的機會，否則未來台灣股市在上市公司連同上櫃公司恐怕會超過千家，且籌碼經過不斷大幅增資之後，大部分公司股本也會過度膨脹，而成爲最大的隱憂。

在基本面方面，台灣傳統產業在近十幾年來大量外移到對岸，加上大陸大力發展塑膠、化纖，已形成台灣傳統產業的空洞化。

而大陸近幾年也大力發展資訊電子業，且其做法是採取韓國上、中、下游的整合模式，以及國際性大廠如微軟斥資至大陸發展網際網路軟體系統、英代爾與摩托羅拉在大陸上海投資晶圓廠，二〇〇〇年後大陸資訊電子業一旦發展起來，以大陸市場之龐大，不僅會吸引國際電腦大廠至大陸發展，譬如目前康柏與大陸和光合資組裝桌上型個人電腦。雖然這幾年來（由一九九三年算起），台灣電子業也相繼到對岸投資設廠，但台灣電子業一旦受制於大陸電子業，空洞化也會隨之而生。

股市沒有基本面而純粹靠資金行情炒作，終究有其限制，基本面若又不行，將註定台灣經濟每況愈下。

畢竟台灣電子業目前掌握的優勢在研發、設計能力，但台灣電子業最大缺點是九〇%以上都是屬於硬體電腦製造商，從事軟體開發的業務皆尙未具有國際性的知名度，且台灣資訊電子業大部分是爲國際個人電腦大廠代工，賺取代工利潤，一旦大陸資訊電子業發展起來，將迅速取代台灣電子業，其後果實在不敢想像。

開句玩笑話：「當有朝一日台灣股市邁向一萬二千點高峰時，或許就是投資人出清台灣股市持股，且逐步向上海股市佈局時機，將投資或投機轉戰另一股市」。

兩岸若三通，對台灣的房地產也是長期大利空，屆時由台北松山機場或桃園中正機場、甚至高雄機場直航上海大約不到二個小時，省掉赴香港再轉赴上海的轉機時間，早上出門，晚上就可回來，而上海在二〇〇〇年後可能會取代香港成爲亞洲金融中心，其不動產的吸引力將遠勝於台北，屆時台北高價房地產又如何能維持呢？

一九九七年八月一〇二五六點反轉進入長期空頭市場，進入長線第四波修正，直至一九九九年二月五日五四二二點方才止跌，一九九八年九月底自東隆五金爆發護盤股價而導致財務危機，緊接著有近四十家公司亦發生公司負責人掏空公司資產或拿公司資金護盤股價致股價大跌的情事。

我擔心的是，台灣股市長線第五波漲至一萬二千點時，會有更多資金選擇離開台灣，加上台灣產業空洞化更爲全面性，令人不禁爲台灣的下一代感到憂心。

「船到橋頭自然直」，把握現在才是最重要的，抓住未來不到一年可以賺大錢機會，如果未來一年未能從股市狠撈一票，要再有如此的好機會，或許要等很久。

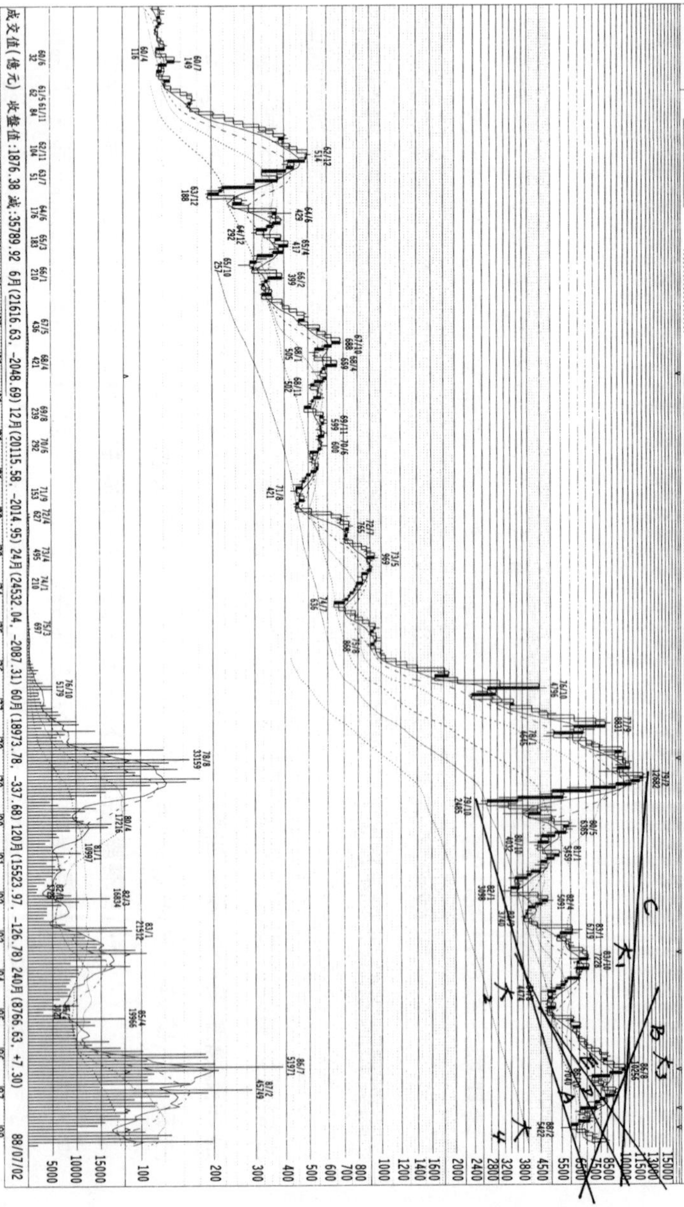
台灣加權指數 6月(7487.91, +428.96) 12月(7089.29, +76.55) 24月(7692.65, -62.26) 60月(6934.65, +30.87) 120月(6244.87, -7.77) 240月(3988.38, +33.38) 開:8467.37 高:8642.62 低:8467.37 收:8572.09
成交值(億元) 收盤值:1876.38 減:35789.92 6月(21616.63, -2048.69) 12月(20115.58, -2014.95) 24月(24532.04, -2087.31) 60月(18973.78, -337.68) 120月(15523.97, -126.78) 240月(8766.63, +7.30)
88/07/02

圖1—4

貳

傳統產業篇

黃金價格直線下落、資產價值的低落，

二十一世紀的投資策略將有別於以往。

傳統產業若不進行上、中、下游的整合（如六輕），

或者轉型通訊產業。

在產業競爭激烈的環境，中國大陸將是二十一世紀全球最大的市場，

尤其是汽車工業，是全球十大車廠必爭之地。

房地產必需走向休閒不動產或租賃事業，銀行必須合併，

才有促使股價上漲的誘因。

導言

一九九七年八月二十七日萬點的台灣股市，平均電子股股價本益比超過四十倍以上，有些虧損累累的公司，股價也高達五、六十元甚至七十元以上。

但是近一年半來，特別是一九九八年，電子業也漸感受到低價電腦的衝擊，以及本身產能大幅擴增如光碟機、監視器、掃描器所帶來影響，許多電子公司因此蒙受重大虧損，當然被借殼上市的公司如亞瑟、廣宇在負責人引爆財務危機的情況下，不僅股價跌到十多元，有的甚至破面額，更有甚者導致經營團隊的流失，加深未來營運的不確定性。

一九九九年初以來，我們也看到許多十多元，甚至二十多元的電子低價股，跟營建股幾爲十多元的股價沒有二樣。如此沒有賺錢，甚至大幅虧損的公司，憑什麼還能享有比別人多二、三倍的身價，現在情況早已改變，電子股不再是台灣股市唯一的主流。

如此，一九九九年三月二十三日石油輸出國家組織（ＯＰＥＣ）與非ＯＰＥＣ的產油國家在維也納正式簽署一份協議書，自四月一日開始每天減產二百一十萬桶以上。這也是產油國家十三年來首度就減產達成協議。

消息一傳出，在倫敦國際石油交易所中，五月份北海布侖特原油價格上漲至每桶十

三．八美元，較去年底（一九九八年）每桶不到十美元的價格，漲幅近四成。

OPEC與非OPEC最終目標是將石油價格升至一九九七年下半年亞洲金融風暴前的價格，以布侖特原油爲例，即須回到每桶十八～二十美元。

油價不再處於歷史性的低谷——每桶十美元，且能夠進入每桶十二～十四美元箱形格局，甚至伺機往上進入十四～十六美元箱形，不僅化解全球通貨緊縮，油價的上漲也帶動全球原物料如塑膠、化纖原料的上漲，貴金屬也不再永遠處於低檔。

因此，自一九九九年三月份起，塑膠原料如PVC、PE，化纖原料如聚酯粒、聚酯絲、聚酯加工絲、聚酯棉，都出現明顯漲幅，且可望延燒至第二季。

不過，傳統產業全球供應過剩的情況始終沒有改變，這波由油價上漲所帶動的傳統產業大漲，有可能是走一波到頂的模式，這是景氣循環股的特色。

由於油價大漲，土地價格也可因人們預期通貨膨漲的因素，而不再下跌，且在通膨預期心理下，對擁有台北市精華地區地段的資產股如台肥等的股價也將有刺激作用。但土地若是屬於山坡地或中南部、大台北地區的郊區，在台灣現有餘屋有近八十多萬戶的壓力下，即使油價上漲至每桶十六～十八美元，也不宜寄予太高的希望。

二○○○年全球仍是資訊、通訊、生化及網路的世紀，台灣的傳統產業中最有前途的公司，仍是以跨入轉型且進入上述熱門行業的公司為主，或是大量投資上述行業的相關業者。

本篇有下列六個主題：

(1)六輕有前途嗎？

(2)台灣的大哥大市場上主要的三家上市公司，誰才是眞正的大哥大概念股？它出現在化纖的產業？

(3)電子化學材料利潤豐厚，也吸引許多傳統產業介入，但是隔行如隔山，一旦牽涉到技術障礙或者研發團隊不夠堅強，往往事倍功半，在電子化學材料經營轉型最成功的是誰？

(4)二〇〇〇年後最大中概股可能不是現在的電子零組件業者達電、光寶、鴻海等，而可能是由某傳統產業業者嶄露頭角。

(5)股市若站上八千點，國人消費能力提高、信心逐步恢復，房地產將有可能出現轉機。

(6)一九九九年農曆春節期間，央行大幅調降存款準備率，以及財政部宣布金融業營業稅由五%降為二%，金融業因此所增加盈餘一年約五百億元，預計四年下來可打銷二千億元壞帳。政策的做多，顯示金融業最壞的環境已經結束，一些逾放比偏低的銀行將首先進入實質獲利成長時期。

上述六大主題，是目前傳統產業最爲人所關心的課題，而從中提示的個股，在台灣股市未來一年萬點攻防戰中將扮演重要的角色，可供投資人作爲選股的參考。

一、六輕有「錢」途嗎？

1.原油與石化原料密不可分

石化原料是利用輕油裂解製造出乙烯、丙烯、苯等基本原料，再由上游基本原料往下衍生到中游的聚氯乙烯（PVC）、聚乙烯（PE）、聚丙烯（PP）、苯乙烯（SM），化纖原料乙二醇（EG）再往下到下游塑膠製品、橡膠製品、化纖製品等。

塑膠製品是二次大戰後一次劃時代的革命性工業產品，由於具有輕便、可量身訂做、不易腐蝕的優點，而成爲一九六〇～九〇年間風靡全世界的主流產品，但也因爲其不易腐蝕的特性，造成垃圾無法焚化以及掩埋時間無論多久都無法消失，致環境污染而引起環保、生態保護人士的大力批評。

由於塑膠、化纖原料是以輕油裂解，而輕油又來自原油的分化，因此原油的國際行情是與塑膠原料有著緊密的關係。

當原油在高檔的時候，其所煉製的基本原料因成本居高不下，當然也就下跌不易。而中游的塑膠、化纖原料在原料成本墊高，一旦下游景氣恢復或因本身供需逆轉以致供不應求，促使下游提早進場採購，往往會使原料價格在買盤湧進下，行情一飛沖天。

同樣的道理，當原油價格疲軟不振時，也會導致基本原料在成本的減輕下無力上漲，中游也會跟著疲軟不振，而「漲時看漲，跌時看跌」就成爲石化原料最特殊的文化，買盤遲疑觀望，更造成石化原料持續長期的盤跌。

所以，石化原料在景氣復甦的時候，行情會一飛沖天，主要是因爲業者在長期下跌、不景氣的行情中苦撐待變的日子久了，難免會有一次撈飽的暴發戶心態，正所謂「不開張便罷，開張就要吃三年」就是最好的寫照。

如圖2－1一九九三～一九九四年西德洲輕油在每桶十六美元附近盤旋待變，之後

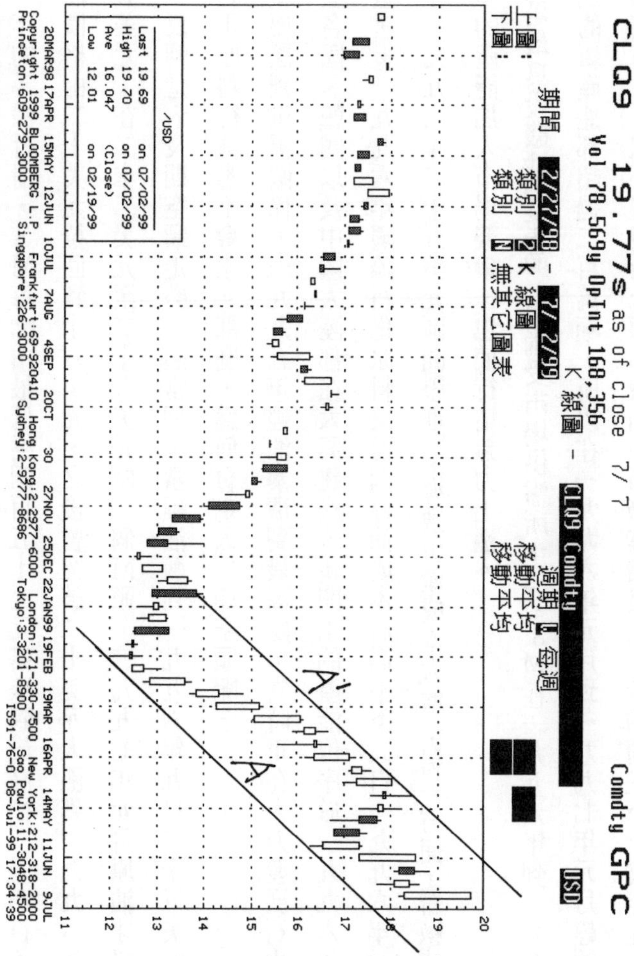

Bloomberg

圖2—1

突破十六美元，漲到二十美元，也導引出一波塑膠原料自一九九四年三月到一九九五年四月間一年的暴漲行情，SM每噸由最低檔四百五十美元暴漲到最高檔一千四百美元。

輕油價格由二十美元拉回到十六美元，之後曾突破二十美元大漲到一九九六年九月的二十五美元，在二十二美元至二十五美元做一個M頭，一九九七年元月原油才從二十五美元，反轉進入長期空頭走勢。照常理，當輕油衝到一九九六年九月二十五美元最高峰時，石化原料行情應不會差。那麼，爲何會走入長期空頭呢？

這就要談到供需關係，一九九五年輕油暴漲到最高點，當時正在大力發展石化工業的東南亞各國、韓國以及中國大陸都在大興建廠，新開工的產能依序於一九九六年中完工投入量產，一九九六年國際石化原料反而因輕油成本居高不下（自一九九六年元月二十美元～一九九七年二十五美元區間整理），導致生產成本大增；另一方面，新廠依序完工，過多的產能加入市場競爭，也使行情無力上漲。

SM是最具投機性的產品，也備受市場供需所主導，SM在一九九六年到一九九八年每年增加的新產能都超過二百萬噸，所以在一九九六年元月到一九九七年元月輕油居高不下的行情下，SM不僅沒有上漲，反而在新廠陸續投入生產的情況下，常年在每噸五百到六百美元箱形盤整，而跌破五百美元之後，一路跌到一九九八年九月的三百八十二美元最低價。

2.二〇〇〇年輕油上揚，SM預測

西德洲輕油在一九九八年十二月底跌到十二年最低價，每桶最低來到一〇・三五美元。

輕油慘跌到十美元附近，對開採輕油的公司而言，已經不符合成本，於是一九九八年產生了三家國際原油公司購併案，即艾克森與美孚石油高達七百七十二億美元購併案、皇家與荷蘭蜆殼石油的合併，以及一九九八年最後一天，十二月三十一日美國聯邦貿易委員宣布通過英國石油與亞美和石油五百三十億美元的購併案。

原油行情太低會使中東產油國家收入大減，從而對西方國家產生憎恨，不利於世界和平的穩定。

沙烏地阿拉伯主導的產油國聯合減產計劃，自一九九九年四月一日起每日減產原油二百萬桶，反應此一利多，西德洲輕油自三月份起由每桶十美元附近起漲，短短兩星期，上漲到每桶十三・七八美元，創下近五個月的高價。

由西德洲輕油週線，每桶二十美元的壓力甚爲沈重，即輕油不太可能直線衝到每桶二十美元以上，但過去那種每桶十美元的低油價也不易再出現。

一九九九年西德洲輕油應會維持在每桶十六美元～二十美元箱形盤整，二〇〇〇年亞洲經濟景氣復甦，輕油就有突破每桶二十美元、往每桶二十美元～三十五美元上漲實力，石化原料有可能在此一利多刺激下，二〇〇〇年起由谷底復甦，而在二〇〇一年達到最高峰。

以石化原料最具投機性格的SM，一九八八年石化業最高峰SM天價每噸二千一百五十美元，當時台苯SM祇有一條生產線，每個月賺三億五千萬元，而上一波大行情即一九九五年四月SM最高價一千二百六十美元，台苯雖有二條生產線，但每個月只賺不到三億元，且僅有不到三個月榮景，下一季獲利就由最高峰每個月三億元掉到只剩下五千萬元，半年後則陷入虧損，而一九九六年一整年輕油雖處在高檔，當年度台苯本業獲利卻只有五千萬元，一個月平均賺不到五百萬元。

SM上檔最大壓力在每噸五百～六百美元，加上這幾年東南亞各國、南韓、大陸大舉擴充生產，及台塑六輕屬於台化二十萬噸的SM也已經開出，所以下一波景氣高峰二〇〇一年到來時，SM最高行情大約只有七百美元左右。

股價是景氣的領先指標，當SM突破站穩每噸五百美元，SM股票會率先走揚，當

SM漲到每噸七百美元附近時，SM股價會領先行情走到最高峰，之後SM行情即使再漲到八百美元，SM股價很有可能已經在做擴散型大頭部，然後等SM行情由高峰逆轉走入長空市場時，SM股價便會領先跌破頸線，再重新走入另一個長期空頭市場。

如果二〇〇〇年時石化業景氣由低檔復甦，SM平均年售價可以每噸六百美元左右結算，台苯每噸約可賺一百五十美元。二〇〇〇年時台苯SM年產能將達三十四萬噸，以供料八折計算，約可賣出二十七・二萬噸，賺取四千一百萬美元，若以新台幣匯率三十二元兌一美元計算即可賺十三億元左右，假設二〇〇〇年台苯股本五十億元，每股稅前約二・六元左右。

一九九九年第一季五大泛樹脂PVC、PP、PE、PS相繼反彈，SM沒有跟隨上漲，反而繼續下探，而韓貨報價每噸跌至三四七至三五三美元，日貨現貨報價下滑到三六〇至三六五美元，東南亞則下跌到三七〇至三七五美元。

國產SM一九九九年三月份報價有可能跌破去年（一九九八年）九月最低價每噸三八二・五美元，但在上游乙烯及苯走高的情形下，SM下檔空間不會太大。

景氣行情的股票來得急、去也快，美國市場對景氣循環股並不像科技股那樣，擁有超過三十倍的本益比，頂多給予十五倍左右。所以，台苯股價在下一次景氣最高峰的二〇〇一年，股價會提前反映於二〇〇〇年，只要出現五十元以上都是長線持有者的賣點。

由圖2－2台苯股價月線圖可以看出E線高角度壓力線約在五十至五十五元之間，即使突破也無法站穩，很快又會被打落至E線以下，若破A線則代表SM仍處於空頭走勢。

3.台塑六輕效益分析

表2－1台塑六輕總投資額高達三千六百億元，第一期完成工程包括台化SM二十萬噸、PTA七十萬噸，台塑HDPE二十四萬噸，南亞DOP三十二・五萬噸、PA十萬噸、2－EH十

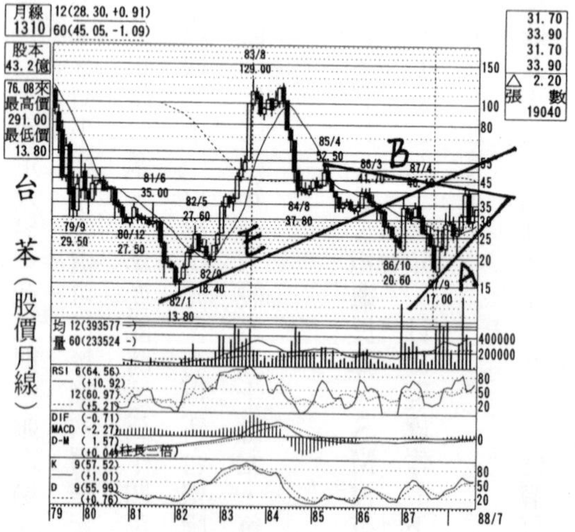

圖2—2

台塑六輕完工計劃

單位：萬噸/年產能

日期/公司	台 塑	南 亞	台 化	台塑石化
1998.5			SM(20)	
1998.5	AA(6)	EPOXY(6.6)	PTA(70)	汽電共生
	AE(9)			
1998.10	HDPE(24)	PA(10)	苯(15.4)	
		2-EH(15)	PX(18)	
		DOP(32.5)	OX(10)	
1998.10			DMF(2)	
1998.12				一輕裂解廠(45)
1998.12	NAOH(21.5)			
	氯氣(19)			
	VCM(36)			
	PVC(36)			
1998.12		TDI(3.3)		
1998.12		BPA(7.2)	HOAC(10)	
1999.3	EVA(20)	碳素纖維(0.2)		
		EG(30)		
1999.10				煉油廠
1999.6			PP(30)	
1999.7	AN(7)			
	MMA(2.4)			
1999.9	C4(1.7)		酚(13)	
			丙酮(8)	
1999.10	LLDPE(24)			
2000.3	ECH(2.4)			
2000.4				二輕裂解廠(90)

表2-1

五萬噸，皆已經在一九九八年五月到十月完工量產。而台塑第一座輕油裂解工廠（簡稱台塑一輕），年產能四十五萬噸也已經在一九九八年十二月下旬完工量產。後續台塑還有一連串工廠完工，如一九九八年十二月的ＰＶＣ三十六萬噸、一九九九年三月ＥＶＡ二十萬噸、ＥＧ三十萬噸，一九九九年十月ＰＰ三十萬噸。

台塑煉油廠並將在一九九九年十月完工量產。二〇〇〇年四月台塑二輕年產能九十萬噸也完工量產，連同一輕四十五萬噸，共一百三十五萬噸，將超越中油的一百零五萬噸。

台塑六輕的量產，由於時間點處在原料行情盤旋已久的低檔，短期內無法帶來可觀明顯的投資效益。

我以一九九九年台塑公司所公告的財測分析，如表２—３。一九九九年台塑公司認列的台塑石化的投資效益僅五億四千四佰萬元，以台塑持有台塑石化三二．四二％股權來看，台塑石化於一九九九年僅賺十六億元左右，對一個投資上千億元的石化大規模工廠來說，十六億元實在是小兒科。

當然，台塑二輕要到二〇〇〇年四月才會完工量產，屆時一旦石化景氣由低檔復甦，或許台塑石化在公元二〇〇〇年有機會賺到一百億元，台塑按持股比例可認列投資收億

台塑三寶投資六輕計劃持股比例

1998年9月30日 單位：%

公司	台塑石化持股比例%	麥寮汽電持有比例%	台塑重工持有比例%
台塑	32.42	25	33.33
南亞	26.71	24.99	33.33
台化	27.92	25	33.33

資料來源：1998年第3季財報

表2-2

1998～1999年台塑公司按權益法認列之投資(損)益表

單位：新台幣千元

權益法認列	持股比例(%)	預計投資(損)益 1999年度	預計投資(損)益 1998年度
台塑石化	32.42	$544,012	(232,633)
永嘉化學	49.00	45,042	(81,447)
麥寮汽電	25.00	(37,977)	(84,297)
小松電子	24.00	(22,437)	7,266
台旭纖維	50.00	(224,789)	(31,564)
台塑重工	33.33	3,898	31,102
台塑貨運	33.28	22,028	21,658
汎航通運	33.32	8,038	5,364
宜濟建設	28.72	(106)	52
亞台開發	34.93	(1,758)	(1,667)
育志工業	49.99	8	(33)
台塑顧問	33.30	4	26
美洲公司	100.00	(446,702)	(640,031)
合計		$(110,739)	(1,006,204)

表2-3

三十二億四千二百萬元，對每股EPS貢獻度約一元。

但是，我認為台塑六輕量產對國內其他石化原料廠，除SM外（台塑六輕只有台化SM二十萬噸以自用為主），都是大利空，台塑將發揮一貫以量制價的作風鯨吞國內市場，讓國內其他原料廠如台聚、華夏、亞聚、福聚、聯成經營起來更加吃力，尤其在台塑的壓制下，未來PVC、PE、DOP、PP將無暴利可言，僅能賺取合理利潤。

即使公元二〇〇〇年的石化業景氣復甦，除非國際行情暴漲，否則即使行情看漲，老大哥台塑說不漲，其他同行誰敢漲價。何況在行情低迷的時候，台塑挾自產乙烯、丙烯、苯的生產成本較同業低廉甚多，更可趁勢搶奪市場佔有率。

所以，台塑六輕量產已經把其他石化廠宣布死刑，未來對台聚、亞聚、華夏、台達化、聯成、福聚應大幅減少想像空間的築夢題材，只能漲時跟班，跌時跑第一來形容，已經失去長期投資的標的。

我以台塑公告一九九九年財測表2—4進一步作說明，一九九九年營收四百七十二億五千萬元，較一九九八年三百七十七億五千萬元，大幅成長二五・一%，但是一九九九年營業利益率僅一〇・三%，較一九九八年的一二・二%，衰退了一五・六%。營業收入大幅成長，營業利益率卻大幅衰退，致一九九九年營業利益較一九九八年僅增加二

1999年台塑公司預計損益表

1999年元月1日至12月31日　　單位：新台幣千元

年　度	1999	1998
營業收入	47251358	37805811
減：銷貨退回及折讓	—	49350
營業收入淨額	47251358	37756461
營業成本	37651419	28864923
營業毛利	9599939	8891538
營業費用	4725271	4293626
營業利益	4874668	4597912
營業外收益	3504683	4383503
營業外支出	2725364	5413573
稅前純益	5653987	3567842
估計所得稅利益	1683287	2637779
稅後純益	7337274	6205621
每股稅後盈餘	2.12	2.15

註：(1)1999年營業利益率10.3%較1998年營業利益率12.2%衰退15.6%。
(2)1999年營業收入淨額47251358較1998年37756461大幅成長25.1%。
(3)營業收入大幅成長、營業利益率卻大幅衰退，致1999年營業利益僅較1998年增加2億7000萬元。

表2-4

億七千萬元。

由上可知，台塑以量制價，因應不景氣薄利多銷，鯨吞國內市場不過，由於一九九九年三月～六月國內PVC、PP、HDPE，連續數月調漲，今年台塑的營業利益必較一九九八年出色。

4.台塑股價分析

如果公元二〇〇〇年石化業景氣復甦，估計台塑石化可獲利一百億元，台塑則可認列三十二億四千二百萬元，而六輕全部完工後，台塑旗下所有工廠全部開工量產，全部總營收八百億元。以台塑在一九九四年～一九九五年第一季石化業景氣最高峰時，其營業利益率頂多一五％左右，本業即可賺一百二十億元來看，連同台塑石化投資收益及其他轉投資收益，公元二〇〇〇年台塑稅前盈利估約在一百五十億元左右，以台塑一九九九年底股本約三三二億元，每股稅前ＥＰＳ約四．五元。

平心而論，台塑六輕最大利多在台塑石化煉油廠完成後，其成本較中油減少三分之一，將可大舉侵佔國內市場。

中油公司一年賣油收益約在二百四十億元，台塑石化介入油品市場後起碼可先搶佔三分之一市場，每年賣油收益，起碼可爲台塑石化帶來八十億元以上的收益，這才是眞正的大利多。

台塑石化投資的煉油廠可望在一九九九年五月完成，第一期日煉十五萬桶的設備裝設工程，並進行清管收尾工程，年底完成試車，正式投料生產，緊接著第二套日煉十五萬桶的工程也將於六個月後完工，預估明年（二〇〇〇年），第三季日煉量將達到四十五萬桶。

台塑石化將因政府宣布開放液化石油氣、燃料油及航空燃油三項油品，提早在今年（一九九九年）第三季跨入油品市場。

上述台塑石化六輕效益在石化業景氣最高峰約可獲利一百億元(不包含賣油利益)，若連同賣油收益起碼有八十億元，台塑可多認列近二十六億，每股稅前多增加〇・七八元，連同原先估計二〇〇〇年每股稅前四・五元，則二〇〇〇年台塑每股稅前有超越五元實力。

依股價技術面分析，二〇〇〇年台塑每股稅前有超越五元實力，以台灣股股市合理本益比二十倍來看,台塑股價應有百元實力,但若以景氣循環股合理本益比十五倍來看，則台塑股價七十五元是高峰。如果以台塑具有龍頭指標的地位，股價不會漲到七十五元就結束，而有可能挑戰如圖2－3所示B線壓力處約八十元附近，屆時可觀察大股東是否已經在調節。

台塑股價目前較大壓力在E處六十元附近，而A線約四十五元附近，則是很好的買點，中長線股價在突破七十四元、往「八」字頭邁進時，就要注意賣點的出現。

5.高爾效應，石化業隱憂

美國副總統高爾是美國歷任最有權勢的副總統，其長期推動的環保主題，已漸受美國人認同，同時也是公元二〇〇〇年最可能問鼎白宮下一任總統的人選。

高爾的環保政策爲課徵高污染防制稅，此舉逼使許多石化廠離開美國本土，遷往東南亞、中國大陸，尤其到大陸建廠是最優先目標。

如果讀者有去歐洲或美加，將會發現買的垃圾袋或上廁所用的衛生紙，都

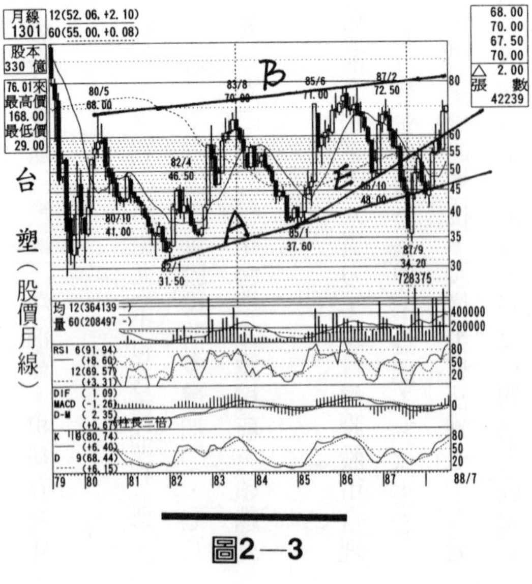

圖2—3

是再生紙，這也是歐美環保成功的例證。

未來，美歐房地產在生態保育成功的誘因之下，會吸引亞洲的資本家前往購買休閒住宅，故後市是看漲。

但是相對於亞洲，尤其是東南亞、大陸，台灣亦不例外，環保若未盡力全面實施，將成爲「垃圾之島」，而只爲了經濟成長的代價就是把下一代的資源提前消耗掉。

除了高爾效應外，還有下列二點值得注意：

⑴中國大陸目前乙烯自給率五五％，原先全球主要石化廠如BASF、Exxon、Dow、Amoco、SHELL、英國石油及美國菲利浦都要到中國大陸設立各年產六十萬噸乙烯廠，但受制於一九九七年下半年起的亞洲金融風暴，這些投資案已經停擺，無限期延長。由此看來，台塑六輕的威脅雖已消除，但是仍要去注意上述全球石化大廠在大陸投資的動作，何時會開工。以中國大陸土地及人工成本的低廉，台塑六輕仍有遠憂。

⑵表2－5顯示，即使公元二〇〇〇年四月台塑二輕年產能九十萬噸乙烯完工，台灣乙烯總年產能也僅二百四十萬噸，只有韓國乙烯總年產能的一半。由於韓國政府已於一九九八年十二月下旬前宣布同意放寬購併條件，以降低負債比例，因此外商最高可承擔百分之百的股權，外資如取得多數股權也可享有經營權。如果上述國際主要石化廠有

南韓與台灣乙烯業者產能比較

單位：千公噸／年產能

公司	產能(仟公噸)	地點	總資產(百萬美元)	資產負債比例(%)	公司	產能(仟公噸)
Hyundai	1,000	大山	490	688	中油	1,050
SK	730	蔚山	8,070	497		
Daelim	730	麗川	2,190	395		
LG	630	麗川	550	473		
Samsung	500	大山	780	722	台塑一輕	450
Hanwha	480	麗川	1,280	345		
Honam	460	麗川	520	225		
KPIC	340	蔚山	370	672		
合計	4,870		——			1,500

資料來源：ACN，工研院化工所ITIS計畫整理

註：台塑二輕年產能90萬公噸於2000.4完工，屆時連同一輕可達140萬公噸，連同中油總產能達到240萬噸。

表2-5

1996～1999年全球乙烯供需預測

單位：萬公噸／年

年度	產能量	生產量	產能利用率(%)
1996	8200	7300	89
1997	8600	7800	90
1998	9000	8000	88
1999	9400	8400	89

註：乙烯產能利用率超過92%才是景氣復甦的開始。

表2-6

意購併韓國石化廠，再經由歐美有效率的經營，未來韓國石化廠將有可能主導亞太石化市場，對台塑六輕的威脅不容忽視。

由於存在上述不利的因素，我對下一波石化業景氣高峰在公元二〇〇〇年到二〇〇一年走完之後，台灣石化業的後市感到不妙。二〇〇一年全世界石化重心有可能將移到中國大陸等這些低人工成本的地區，若配合大量生產，以及韓國擅長以內銷補貼外銷，而台灣石化業進口關稅又是全球最低者，僅二・五％，所以台灣是全世界傾銷的市場。

我認爲台塑六輕公元二〇〇〇年四月全面完工時，配合石化業的景氣復甦，將會是最風光的一年，但風光過後，在下一個不景氣來臨的時候，台灣的石化業有可能繼營建之後，成爲另一個艱困行業。

6.石化業能否提前一九九九年下半年復甦

石化業要提前至一九九九年下半年復甦，必須有下列二個重要條件：

⑴西德洲輕油油價在一九九九年第二季進入每桶二十～二十五美元箱形走勢，確認長期多頭走勢，將使石化原料在成本墊高之下，呈現欲小不易。

⑵人民幣貶值對石化業是大利多。

如上述中國大陸石化原料自給率仍僅有五五%，大部分都要依賴進口，而一九九四年人民幣巨貶三〇%後，中國大陸出口能力大增，對石化原料需求也增加，因而造成石化原料行情大漲。

雖然自一九九七年下半年亞洲金融風暴以來，人民幣堅守不貶值政策已經近二年，但一九九九年第一季大陸出口比去年（一九九八年）同期衰退七%，相對於進口成長的五%，中國大陸外貿順差必然大幅減少，都加深人民幣貶值壓力。

如果人民幣在一九九九年第三季貶值且幅度近一〇%，中國大陸出口競爭能力將大爲提高，對石化原料需求必更加殷切，龐大的買盤將促使石化業提前復甦。

但是，以目前中國大陸化纖自給率已經高達七五%來看，台灣化纖業未來在國際市場將難與中國大陸競爭，這則是一大利空。

二、化纖有黑馬?

1.化纖上、中游供應過剩嚴重

一九九八年對台灣化纖業來說,是營運艱困的一年,除了下游聚酯長纖布受惠於歐、美景氣持續繁榮,接單暢旺,在該年前三季有不錯獲利表現外,其餘從上游聚酯絲、聚酯棉、尼龍絲,到中游聚酯加工絲,無不虧損,即使有獲利也是微薄的,對股本龐大的公司而言,賺的換算爲EPS僅是零頭而已,絕對無法超過〇・五元。

台灣所生產的聚酯絲及加工絲兩項產品的產量,居全球之冠,以一九九八年底而言,聚酯絲月產量高達十六萬噸,加工絲月產量則達九萬噸,已經位居世界第一;台灣化纖界卻仍在大舉擴充產能,各廠競相較勁產量,大家都是股票上市公司且都屬於大型集團旗下關係企業,各家也都認爲本身條件雄厚,禁得起景氣考驗,這種自私的心態是造成台灣化纖這幾年來景氣持續低迷不振的主要原因。

我以彰化「人纖加工絲專業區」的後續投資案來作說明,此案不但促使中游生產加工絲的專業假撚廠向上游聚酯絲產業發展,同時也令台灣長纖原料產能不斷刷新全球記錄。公元二〇〇〇年起專業區內將增加月產六萬噸聚酯絲，使聚酯絲月產量突破二十萬噸，達到二十二萬噸，這是一九九六年產值的四倍，而加工絲也將增加六萬噸月產量，使加工絲月產量突破十五萬噸，這是一九九六年產值的三倍。

中游加工絲業者除了自己不斷擴建自身產能，並且往上游發展，而下游的聚酯長纖布業者爲了掌控原料主導權，居然也往中游聚酯加工絲發展，這種大家中、上游一貫化，下、中游一體連線的作法，使得產銷秩序嚴重破壞，紀律蕩然無存。

因此，由聚酯絲、加工絲兩家公會主導聯合減產動作，聚酯絲包括聚酯半延伸絲（POY）及聚酯全延伸絲（FDY）兩項產品，聯合減產幅度一五％，加工絲界以機器設備運轉年份做界線，在一九九七年底之前的假燃機台減產一〇％，而一九九八年元月之後，各廠新購進的假燃機台則採取減產一五％。聚酯絲聯合減產實施期間一年，加工絲則爲期半年，皆從一九九八年十二月一日起實施。

但是，聯合減產實施以來，效果始終不彰，主要是化纖業是資本、勞力密集的行業，停工損失太大，所以廠商明知道生產會賠錢，但至少可攤提掉固定的生產成本及折舊費用，還是認爲比停工划算。此外，聚酯絲聯合減產以來，生產量雖減少，但庫存量始終沒有減少，主要就是景氣太差，中游加工絲這二年（一九九七到九八年）擴建產能又最大，因此在供過於求的壓力下，以一九九九年二月份一五〇丹尼大宗規格合約價格每公斤僅剩二十六元左右，廠商無不叫苦連天。

一九九六年至一九九七年這二年營運頗佳的尼龍絲，也在新加入者衆多，原有大廠又大舉擴充產能、產量激增的情況下，價格居然由一九九八年初的每公斤九十元之上跌到年底破五十元，跌幅四四%，加上下游業者景氣不佳，使尼龍絲庫存天數一直維持在近一個月左右，比聚酯絲二十天、聚酯棉二十天要高出甚多。

一九九九年新加入尼龍絲業者包括力鵬、集盛，而新藝已經完工的新廠也將陸續加入生產營運，使得尼龍絲月產能將再增加二二%的供應量。尼龍絲由一九九六到一九九七年是最賺錢的化纖行業，兩年後的一九九九年居然變成另一個殺戮戰場，眞令人浩嘆！

聚酯棉是最早採取聯合減產的化纖行業，目前每月最低生產量爲七萬噸，銷售量約八萬三千噸，每月減少庫存約一萬噸左右，但相對於每個月庫存量約五萬五千噸，也是緩不濟急。最慘的是聚酯棉內銷現金價每公斤二十五元，若以新台幣三十三元兌一美元換算成美元價格，則不到〇．七六美元，相對於過去正常利潤時期每公斤一．二美元，跌幅幾近腰斬，而外銷價格在東南亞、韓國的競爭壓力下，居然比內銷價還要低，使得下游棉紡織廠有意轉向東南亞及韓國進口，所以聚酯棉也是艱困行業。

2.東歐及中南美貨幣危機波及下游

一九九八年下游聚酯長纖布在中游加工絲嚴重供過於求、價位持續走低、生產成本大幅降低，以及歐美景氣持續熱絡的情況下，前三季業績頗爲亮麗，每家公司都賺錢。宏遠、金緯、得力、偉全四家公司一九九八年前三季稅前EPS都超過二元（不過金緯因大股東護盤股價失敗，以致股價暴跌）。

但是，一九九八年八月中旬的俄羅斯金融風暴（盧布崩盤，由六．三盧布兌一美元貶值到二〇．五盧布兌一美元），並且牽動中南美巴西、哥倫比亞貨幣危機，幣值也大幅貶值，而油價跌破十二年來的新低點每桶不到十美元，使中東各產油國收入大爲減少。

由於俄羅斯、南美、中東佔有我國聚酯長纖布五〇%以上的出口市場，在主要顧客購買能力大減的情況下，一九九八年十一月起台灣長纖布廠接單價格持續下降，營收也逐月下降。

3.業者自私心態淪爲艱困行業

由上述分析，台灣化纖業的困境主要導因於業界持續擴充產能，業者完全無視於這幾年東南亞各國挾著低廉人工成本,大量擴充產能,韓國又以內銷補貼外銷鬧名等因素。最重要的因素是最大客戶中國大陸化纖自製比率已經高達七〇%以上，且持續提高中，在全球化纖業不景氣，即使加工絲內銷價格比台灣出口價格貴四成也在所不惜，因為中國大陸有低廉人工成本，而人工成本佔化纖業成本相當重（因屬資本密集，勞力密集產業），以致轉口貿易大幅衰退。

台灣化纖業由過去景氣循環產業到如今變成艱困工業，而上、中、下游業者仍在不斷擴充產能，無視於市場版圖已經逐漸縮小，將來就算景氣大好，好行情的光景也會相當的短暫，不多久又會恢復為艱困行業，惡性循環之下，最後總要到了有人關廠、倒閉才會終止。

所以我實在看不出台灣化纖業的明天在那裡？即使有春天來臨，也是短暫的。

這幾年台灣紡織業能保持每年營收穩定成長、獲利高的只有年興。由於年興很早就轉入中南美洲尼加拉瓜生根發展，並且利用美墨自由貿易協定，前幾年就到墨西哥大舉建廠、擴充產能，第一期工程已經於去年（一九九八年）七月份完工生產，緊接著第二期、第三期工程也會依序於今年（一九九九年）及明年（二〇〇〇年）完工生產，墨西哥廠於一九九八年底之前大股東將私下持有股份二五％全部轉讓於公司，讓年興持有百分百股權，未來在墨西哥廠大豐收下，其獲利將水漲船高。這也是年興維持高股價，常年站穩紡織股股王的主要原因。

此外，台化及福懋則參與六輕投資，希望六輕量產後的投資收益來挹注本業獲利的衰退。按台化持有台塑石化股權二九．二%，福懋則只有五%股權，相對於台化一九九九年底股本三二〇億元，假設以二〇〇〇年台塑石化在景氣高峰，若年獲利一百八十億元，每股EPS貢獻度則有一．六元，而福懋只有五%股權，只能分到九億元，相對於一九九九年底股本一三三億元，每股EPS只有〇．六七元。

台灣聚酯絲、聚酯加工絲及尼龍絲在業者聯合減產及華隆關閉尼龍絲廠，在一九九九年三月份皆出現大幅反彈。

尼龍絲由牌價五十元處反彈至六十元處，漲幅二成；聚酯加工絲以一百五十丹尼加工絲爲例，一公斤的價格已經由一九九九年二月中旬農曆年前的二十六元上漲至三月份的三十一元，四月份在下游聚酯長纖布接單旺季的情況下，還有調漲二至三元的空間，每公斤達三十三至三十四元，距底部反彈三成；聚酯絲則在華隆、南亞大廠主導下每公斤調整二元。

聚酯加工絲反彈幅度較大，主要是去年（一九九八年）十一、二月間各廠平均減產幅度達三五%，且在一九九九年二月中旬農曆年期間，停工停產使業者庫存壓力大減，一旦下游接單旺季來臨，供需逆轉，行情便反彈走高。

但是，正如上述的聚酯絲、聚酯加工絲、尼龍絲的反彈行情，主要是業者聯合減產或關廠，一旦有利可圖時，業者若爲求短線獲利，再將過剩的產能開出，那麼行情的反彈必然是短暫的。

4.化纖的黑馬「遠紡」

這幾年亞東集團在旗下公司亞泥、遠紡、遠百內需低迷、化纖本業又無所進展的情況下，於一九九七年順利取得大哥大DCS全區及GSM北區執照，成立了遠傳電信，並且完全由遠紡單獨取得六三%股權。

亞東集團把公司所有資源全部挹注於遠紡一家身上，是相當具有眼光的做法。一旦遠紡跨入遠傳電信大哥大，轉型成功且擁有高獲利時，持有二五%遠紡股權的亞泥，也可間接受惠。所以若要投資，當然要押注在遠紡身上，押龍頭是直接受惠，股價跑起來更快，這種道理讀者應該能瞭解。

遠傳一九九九年增資後股本一百五十億元，遠紡持有六三%股權，即相當於投資了九十四・五億元，而以遠紡一九九九年底股本二六三億元來看，遠傳相當於其股本的三六％，也就是當遠傳經營成功、有高獲利時，對遠紡股本的貢獻度有三六％，幾近於四成，可視同爲本業。

太電投資的太平洋電信台灣大哥大一九九八年底股本一百五十億元，太電投資額三十七・五億元，相對於太電一九九九年底股本二九四億元，則只不到一三％。台灣大哥大傳聞一九九八年獲利五十億元，對太電可挹注投資收益十二・五億元，但每股EPS貢獻度只有〇・四六元，台灣大哥大賺大錢對太電每股獲利貢獻度卻如此的小，太電股價有沒有爆發力自然可想而知。

尤其，太電結合富邦產險、長榮航空、國巨這些外行的投資者合資興建一座股本三百五十億元「太電積體電路公司」，太電佔其股本三分之一，而所設立的八吋晶圓廠，專做晶圓代工業務。

試想，等這座八吋晶圓正式生產時是公元二〇〇一年以後的事，正好趕上生產效率更高出數倍的十二吋晶圓廠密集誕生期，屆時太電八吋晶圓廠可能會淪爲「末代八吋廠」，這種投資內行人一看就知道是幾近失敗的，不僅沒有錢賺，恐怕還會變成公司的大包袱。

這是有前例可循的，一九九三～九四年國內各晶圓廠積極規劃八吋廠興建計劃，太電轉投資的茂矽卻選擇從六吋廠切入，當時號稱是「全球最先進的六吋廠」，現在看來，茂矽六吋廠仍是最先進的六吋廠（製程技術與八吋廠相當），但卻是競爭力最薄弱的DRAM廠（生產效率遠低於八吋廠）。

現在茂矽六吋廠轉型做晶圓代工業務，而另一方面則以轉投資持有五九％股權的茂德八吋晶圓廠所生產的六四MB DRAM，當起買賣掮客來賺取佣金。

一九九八年十二月三十一日東帝士出售東榮電信五九％的股權，以每股二十七．五元出售給和信集團。東榮電信股本四十億元，東帝士持有五九％股權，相當於股本二十三．六億元，和信電信擁有DCS北區執照，股本六十五億元，東榮則持有DCS中區及南區執照，和信成爲東榮最大股東並取得經營權後，將可順理成章把原本只擁有DCS北區執照，連同東榮中區及南區執照，合併爲一張DCS全區執照，則台灣地區大哥大集團擁有全區執照者就有太平洋電信台灣大哥大、遠傳、和信三家，連同原有中華電信共四家。另外二家大哥大業者，東信持有GSM中區執照，泛亞持有GSM南區執照，在上有三位老大哥的壓境下，生存空間相對縮小，競爭能力將無法與三家全區業者評比，未來只能在夾縫中生存或者與三家全區業者合併，看來只有走上合併之路才有可爲。

上述三家全區大哥大股權結構，見表2－9至2－11。前述已分析太電在太平洋台灣大哥大投資金額與持股比例，遠紡在遠傳大哥大投資額與持股比例，至於台泥在和信電訊則持有二八．七七%股權，投資金額二十億二千二百萬元，和信電訊購併東榮電信，台泥可按持股比例認購面額五億一千九百萬元，由於是以高於面額每股二十七．五元認購，故出資額十四億二千七百萬元，取得東榮電信一七．一一%股權，這部分投資額是以市價購進，未來東榮電信除非有暴利，若僅是金額不大的小獲利，台泥這部分投資在短期內看不出效益。

太平洋電訊台灣大哥大主要股東持股比例一覽表

公司名稱	1998年增資前持股比例(%)
太電公司	25
宏碁電腦	7.4
明碁電腦	7.4
長榮重工	4.6
國巨公司	2.7
大陸工程	7.5

註：(1)太電集團整體約握有25%股權。
(2)1998年底增資前股本100億元，爲計算持股比例，增資後股本爲150億元。

表2-7

所以嚴格的說，台泥在大哥大的投資僅能以持有和信電訊二八．七七%股權、投資金額二十億二千二百萬元爲準，相對於其一九九九年底股本二百億元，僅佔股本一○%，未來和信即使有高獲利，對台泥每股EPS的貢獻度也不會太大。

由大哥大三家DCS全區業者主要股東持股比例結構，可以確認眞正的大哥大概念股只有遠紡，其他的都不配稱做「大哥大概念股」。

5.遠傳大哥大是最大贏家

遠傳大哥大是台灣第一家推出大哥大預付卡的全區業者，自從推出易付卡（IFCARD）奏效後，新客戶數大量增加，到一九九八年底已經擁有八十萬客戶，僅次於台灣大哥大一百一十五萬客戶。

遠傳在一九九八年底客戶數達到八十萬，公司營運已經擺脫虧損，正式轉虧爲盈，一九九八年底基地台已經超過一千四百個，一九九九年二月中，基地台的數量會達到二千個。

另一項値得樂觀的訊息，根

遠傳大哥大主要股東持股比例一覽表

公司名稱	持股比例(%)
遠　紡	62
交　銀	4
開　發	5
精　業	4
美商AT&T	20

註：(1)遠紡是以100%持股的遠鼎投資公司持有遠傳62%股權
(2)持股比例是以1998年底股本90億元計算

表2-8

據台灣各地許多無線通經銷商的調查顯示，自一九九八年八月份起遠傳每個月新客戶的成長率都盤踞市場首位，而自遠傳易付卡上市以來，每月的業績平均都成長二倍以上，且原來用戶的增加速度也未因此降低，未來預付卡可能會佔新客戶市場的四〇％以上。

遠傳的外資股東是全球首屆一指的無線通信服務業者美商ＡＴ＆Ｔ，在全球的客戶總數超過八百二十萬戶，平均年收益逾五百二十億美元，員工總數超過十一萬九千人。由於ＡＴ＆Ｔ營運績效良好，而且亞東集團把所有集團資源全部貫注在遠紡的遠傳大哥大身上，所以遠傳未來發展備受矚目。

和信大哥大主要股東持股比例一覽表

公司名稱	持股比例(%)
台　泥	28.77
中　橡	10
中　壽	5
國　壽	5
台　揚	5
東　訊	2
東　元	8
卜　蜂	5
台　電	5
外資(加拿大貝爾)	20

註：持股比例是以1998年底和信電訊股本65億元計算。

表2-9

台灣大哥大一九九八年底普及率達二〇％，計中華電信客戶數二百三十萬，台灣大哥大一百一十五萬，遠傳八十萬，和信電訊三十萬，東榮二

1999年大哥大團隊增資後股本暨客戶數一覽表

公司名稱	太平洋台灣大哥大	遠傳	和信	東榮	東信	泛亞
1998年底股本	150億	90億	65億	40億	20億	34.5億
1999年增資後股本	200億	150億	65億	40億	30億	34.5億
1998年底客戶數	115萬	80萬	30萬	20萬	17萬	18萬

資料來源：各電信業者。

註：1998年12月31日東帝士出售東榮電信59%的股權，以每股27.5元出售給和信集團。

表2-10

十萬，東信十七萬，泛亞十八萬，合計五百一十萬，預估到一九九九年底大哥大普及率可達到三五%，使用人口可達到七百萬人以上，較一九九八年底大幅成長四〇%，七家公民營機構將卯足勁爭取這二百萬新用戶。而遠傳至一九九九年二月底客戶數已經突破百萬戶，預估至一九九九年底客戶數可達到一百二十萬戶。

一九九九年台灣大哥大估計獲利九十億元，太電將可認列近二十二億元投資收益，遠傳估計獲利二十二億元，遠紡可認列十四億元投資收益。遠傳預計一九九九年申請上櫃，若以承銷價每股四十元計算，遠紡要釋出遠傳近二億股，承銷收益保守估計近六十億元。此外，遠紡持股五一%的遠紡上海公司預計年底至香港上市亦可望帶來可觀收益。

大哥大費率一覽表

1999年2月1日起

項目 業者	費率組合	月租費	免費分鐘	一般時段	減價時段	其他優惠
中華電信	一般型 經濟型 區域型	600元 200元 420元	0	0.1元/秒 0.15元/秒 0.08元/秒	0.05元/秒 0.08元/秒 0.05元/秒	老客戶月租費8-7折，大客戶8-6折
東信電訊	特惠全區 特惠中區 超值全區	200元 360元 560元	0 0 10分	0.15元/秒 首分鐘4.5元/分，二分起3元/分 首分鐘5.6元/分，二分起3元/分	0.08元/秒 3元/分 3元/分	另有妙計全區、智慧全區、商務150、商務350
泛亞電信	超級0月租費 年約標準型 標準型	0 555元 666元	0 40分 0	50分鐘內0.21元/秒 50分鐘以上0.1元/秒 0.1元/秒 0.11元/秒	無 0.05元/秒 0.08元/秒	另有年約150、年約400、年約1000
和信電訊	以秒計費 基本型	600元 560元	0 0	0.11元/秒 4.8元/分	0.06元/秒 3元/分	另有80型、200型、360型
台灣大哥大	超值經濟B 實用商務A以秒計費 實用商務A以分計費	600元 600元 600元	50分 0 0	0.2元/秒 0.11元/秒 首分鐘5元/分，超過一分鐘溯自第一分4元/分	0.1元/秒 0.06元/秒 3元/分	高用量客戶月租費打9-6折，大客戶月租費8-6折
遠傳電信	羽量級 輕量級 中量級 重量級	99元 200元 550元 1450元	0 0 0 200分	0.165元/秒 0.165元/秒 0.1元/秒 0.085元/秒	同左 0.06元/秒 0.06元/秒 0.06元/秒	

表2-11

公元二〇〇〇年台灣大哥大預計獲利近一百億元，太電可認列二十五億元左右，遠傳估計可獲利四十二億元，遠紡在釋出遠傳股權一五％後，仍持有近五〇％股權後仍可認列二十一億元投資收益。

根據一九九九年二月二十四日報載中華電信業務成本，由市內電話打到行動電話，每分鐘成本三·三～六元，以現行大哥大每分鐘六元計算，利潤率達四五％，每年爲中華電信賺進百億元。民營電信業者雖然沒有中華電信如此高的暴利，但只要跨入損益平衡點，利潤率也應該有二五～三〇％。

不過，大哥大在公民營業者競爭激烈的情況下，月租費不斷降低，遠傳已降至九十九元，比中華電信的二百元更低，屆時就看各家業者的服務績效及降低成本來維持高獲利率。但是，無可否認，大哥大在通訊市場仍屬於前景看好的行業。

6.遠紡股價分析

一九九九年遠紡本業約可獲利十億元，在遠傳上櫃承銷後則可認列收益六十億元及認列遠傳投資收益十一億元，這還不包括遠紡上海公司赴香港上市的承銷收益在內如此看來，一九九九年遠紡稅前純益就有八十億元左右，如果本業具轉機，則本業獲利就不止十億元，單以八十億元稅前獲利，相對於一九九九年低股本二六三億元，每股獲利近三元，且未來遠傳將是遠紡會生蛋的「金雞母」。

遠紡月線如圖2—4分析，A線支撐約三十五元是中長期買點，B線壓力五十三元突破中長線有挑戰A_1線壓力約七十元的實力。

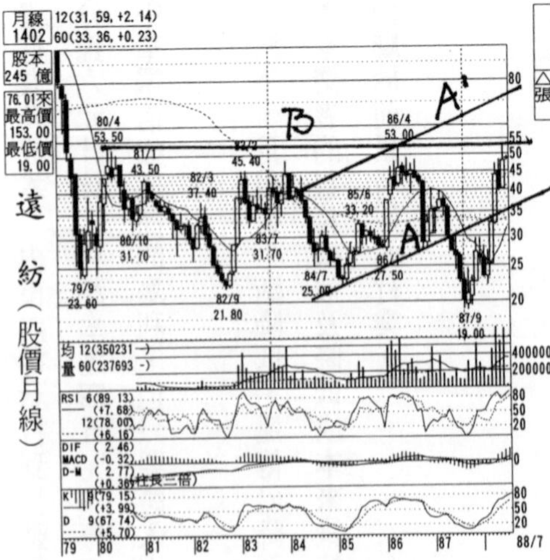

圖2—4

三、誰是轉型電子化學成功者？

1.特用化學品市場潛力大

由於我國電子資訊工業的快速成長，電子級特用化學品的需求正急速增加。另外，在節省成本、減少運輸過程中造成化學品純度下降，以及降低庫存壓力等考量下，電子級特化品本土化生產也將是必然的趨勢。目前國內已有多家塑化廠商投入特用化學品的研究發展工作，將成為未來公司營運成長的最主要動力來源。

如表2-12，目前上市公司中已經投入晶圓製程中所需的研磨液、研磨墊等特化品研發的廠商有長興、永光、大穎、中石化，而亞化、台硝等公司則是投入IC製程中所需的高純度酸鹹研發，永光研發的IC光阻劑開始進入量產階段，印刷電路板上游玻璃纖維布所需的原料銅箔基板則有南亞、榮化、長興等公司投入生產。

此外，長興還有投入IC製程中所需的膠帶、接著樹脂、封裝樹脂、薄型封裝用EMC材料的研發，以及印刷電路板製程中所需的乾膜光阻劑及液態光阻劑、綠漆等特化品的生產。

1999年投入特化品研發及生產廠商

	製程所需化學品	廠　商
晶圓	矽晶圓材料	中德、小松、台灣信越
	研磨液、研磨墊	長興、南美特、永光、大穎、中石化
IC製造	CVD化學品	南美特
	光阻劑、顯影劑	長春、永光、遠東
	高純度氣體	聯華、三福化工、亞東氣體
	高純度酸鹼	長春、亞化、台硝、中華、聯成
	電漿表面處理	和立
	研磨液、研磨墊	南美特、長興、中石化
	膠帶	地球、長興、中石化
	防塵衣、防塵墊	福懋、遠新
IC封裝	接着樹脂	長興、長春、南美特、美磊
	封裝樹脂	永明泰、長春、長興、大恭、大東、上寶、華懋、超豐
	薄型封裝EMC材料	長興、華宏
	導線架材料	第一銅、新泰伸
	銀膠	長華
	膠帶	楠梓電
	銅箔基板材	長春、慶光、南亞、榮化、亞化、橡樹、長興
印刷電路板	鍍通孔化學品	長春
	黏著劑	四維、太巨
	乾膜光阻劑	長興、大東、日立化成、長春、台硝、南亞
	液態光阻劑	長興
	綠漆	長春、長興
	顯影劑	日裕
	蝕刻液	友緣
	保護膠帶	亞化、四維、太巨、橡樹

表2-12

亞化於一九九八年十二中旬宣布與日本大和工業簽訂技術移轉合約，未來亞洲化學將可取得大和工業專利增層法印刷電路板及其原料製造技術，雙方並同意合資成立新公司，計劃於桃園設廠生產，所有產品將以外銷日本及歐美市場爲主，預計三年內將達到二十五億元的營業額，此舉將可提高亞化的獲利能力，並增加其他電子材料事業群多角化經營的競爭力。

上述投入特用化學品領域且已經展現出經營積效的國內塑化公司有南亞與長興兩家。南亞在印刷電路板營收僅次於華通，位居國內第二把交椅，其在印刷電路板上游原料玻璃纖維布及其原料銅箔基板皆是國內量產第一者。除了南亞之外，長興在印刷電路板關鍵原料乾膜阻劑打下的根基，成爲近幾年公司獲利的主力，並持續擴增生產線。

2.長興乾膜光阻劑規模愈來愈大

在國內生產乾膜劑有長興、大東、長春、台硝、南亞、日立化成，以長興規模最大，至一九九八年底佔有國內三五%的市場，且乾膜光阻劑毛利高達五〇%，純益率約有三五%。

長興一九九九年第一季第五條乾膜光阻劑量產後，其五條線總年產能七十五萬Ｋ、月產能六萬K以上。

該公司一九九八年營收一百零九億，乾膜光阻劑僅佔營收二〇%，約二十一億八千萬元，卻創造出七億六千三百萬元的獲利，幾佔稅前純益九億七千萬元的七八%。其他佔營收八〇%的樹脂，僅爲公司貢獻獲利二億元。

一九九九年第一季第五條乾膜光阻劑量產後，月產能六萬K以上，以八折計算，平均月產量應有五萬K以上，乾膜光阻劑一九九九年佔營收比重應可提高到二五%以上，可獲利九億七千五佰萬元，佔公司預估稅前盈利十一億四千萬元的八五%。

此外，長興在中國大陸亦設有一條乾膜光阻劑生產線，一九九八年月產量已達五千K，預計一九九九年底可達到全能量產月產一萬五千K，對母公司獲利貢獻度亦會出現。

長興爲開拓美國市場，投資二千萬美元於美國維吉尼亞州設立乾膜光阻劑廠，第一條生產線已經於一九九九年二月四日破土興建，預計年底完工，二〇〇〇年內設置第二條生產線，五年內設置第三條生產線。

長興評估，在開始生產後，二〇〇〇至二〇〇二年可產生的銷量分別是九萬五千K、十二萬二千K、及十四萬一千K，營業淨利分別是二百六十萬美元、二百七十二萬美元及三百零二萬美元，平均利潤率約百分之十八點七四。

一九九八年底長興股本三十三億六千萬元左右，一九九九年配發股票股利二元及三千萬現金增資，增資後股本膨脹到四十億七千萬元左右，一九九九年預估稅前盈利爲十一億四千萬元，每股稅前EPS二・八元。

長興一九九八年底股本三十三億六千萬元，營收一百零八億六千萬元，稅前純益九億七千萬元，每股稅前EPS二・八八元，一九九九年營收預估一百三十億元，稅前盈利十一億四千萬元。

長興一九九九年包括購置光阻劑、液晶高分子研發設備及積體電路用封裝材料廠設立合計約六億元，繼續往高科技產業擴大事業規模。

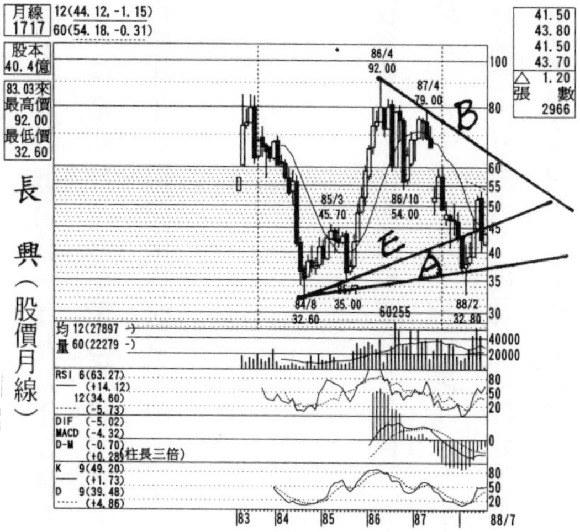

圖2—5

3.長興股價分析

由月線分析，A線支撐約位於三十七元附近，即使一九九九年增資後每股稅前盈利EPS仍有二·八元，三十七元股價本益比不到十五倍，但由於一九九九年爆發力不足，除權後股價四十五元上面壓力沈重，五十～五十四元壓力區不易穿越的關卡。

如果二〇〇〇年長興大陸廠及美國廠開始獲利並且挹注投資收益，則二〇〇〇年股價才有突破五十元的可能性。

4.榮化新廠完工，效益逐漸顯現

如果以近三年（一九九六到九八年）營收來看，榮化的業績實在不怎樣。一九九六到九八年榮化營收分別爲五十一億二千一百萬元、六十二億九千一百萬元、五十九億一千八百萬元，稅前盈利則分別爲五億二千五百萬元、五億六千萬元、四億五千萬元。

一九九八年榮化產品銷售毛利屬於乙醛系列的異戊四醇，毛利率高達三〇·六%，純益率應有一三到一五%，而這項產品陸續有新廠擴建完成，並在一九九九年投入生產及銷售行列，對獲利的貢獻度有明顯的增加。

榮化自投人TPE生產後，挾著生產設備的優勢，雖然產品價格下殺激烈，但其毛利率仍有二三．四％，年產能原五萬噸，第二期擴建工程於一九九八年底完成後，年產能增加爲十萬噸。對增加的五萬噸產能，公司一九九九年營收祇預估增加五億元，即去年一半二萬五千噸，毛利以二〇％預估，增加一億元。

異戊四醇原來年產能一萬噸，每年可創造近六億元營收，毛利三〇％，在一九九八年底擴建新廠完成後，年產能由一萬噸增加爲二萬三千噸。對增加的一萬三千噸產能，該公司僅預估一九九九年營收增加五到六億元，即去化新產能的八成。由於異戊四醇除榮化之外，僅剩下德國及瑞典各有一家，榮化新產能開出後，其中一萬噸供應國內市場，新擴增的一萬三千噸可用來供應外銷，毛利率起碼也有二〇％以上，可貢獻毛利一億到一億二千萬元左右。

榮化除上述二項新廠完成，對一九九九年營收及獲利會有明顯增加之外，還有二項投資案亦將於一九九九年完成，未來投資效益將逐步顯現：

⑴持有五一％股權的李長榮科技，在確定取得歐美先進的HTE及超撓性電解銅箔技術後（按目前國內生產的銅箔基板如長興、亞化皆屬技術層次低的紙質銅箔基板，毛利率低），可提供年產六千噸一盎司、〇．五盎司及以下的高品質銅箔。由於此種高階產

品，毛利率起碼有三五％，預計今年（一九九九年）第三季完工量產，應可於短期間產生獲利，對母公司獲利貢獻度立即顯現。

按長榮科技於一九九八年底資本額提高到五億元，榮化按持股比率認購，增資後持股數增加到二萬五千五百六十張，持股比率五一％。

(2)榮化和中油及中東卡達政府共同投資六億六千萬美元，設立的甲醇及ＭＴＢＥ廠，預計在今年（一九九九年）第三季完工，甲醇年產量八十三萬噸、ＭＴＢＥ年產能六十一萬噸，榮化持股一五％。

台灣用來生產甲醇的天然氣不足，成本也高。以一九九八年榮化生產的甲醇系列產品來看，毛利僅一九％，扣除管銷費用後，純益率不到一〇％，而一年銷售量僅六萬噸，銷售金額僅五億元左右。但是，國內一年甲醇不足需進口的數量是三十五萬噸，是目前榮化甲醇銷售量的六倍以上。

中東卡達投資案，就是利用當地盛產天然氣的優點來生產甲醇，榮化可藉著投資股東的優勢，將甲醇部分產品回銷台灣。這個投資案除了可解決國內嚴重的不足現象，還可爲榮化一年創造起碼二億元獲利，才是眞正的投資效益所在。

(3)榮化本身即擁有一萬噸油槽及港口，並在一九九九年第一季取得ＬＰＧ進口許可證。這也是國內石化廠商除台塑外第二家取得進口許可證。

由於ＬＰＧ每公斤獲利空間高達三・五元至四元之間，且初期開放進口的廠商仍少，價格優勢不致在短期內消失，即使利潤率降為六成，每公斤獲利仍有二元，一年進口二十萬噸，可創造出四億元利益。

榮化的卡達投資案、銅箔廠的投資，在今年（一九九九年）都將進入完工階段，二〇〇〇年將展現投資效益，中、長期展望良好。

5.榮化股價分析

一九九九年每股稅前盈利ＥＰＳ有

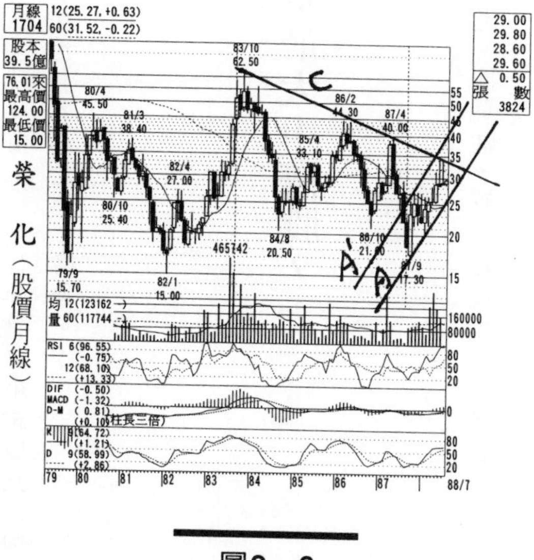

圖2—6

挑戰二元實力，且明年（二〇〇〇年）展望良好。一九九八年其稅前盈利僅四億五千萬元，每股稅前盈利EPS僅一・一四元，一九九九年僅〇・四元股票股利，股本增資後僅四十一億元左右，但今年增資後每股稅前盈利EPS二元，A線支撐三十～二十八元左右是中長期投資買點，中長線應有看四十元實力，如二〇〇〇年獲利繼續成長，則有挑戰四十五元實力，跌破A線，則屬於二十五元上下五元箱形格局。

四、公元二〇〇〇年後，誰是最大中概股？

1.進口車敗退，國產車大成長

一九九八年國內總汽車市場僅銷售四十七・四萬輛，較一九九七年的四十七・八九萬輛衰退近四千輛。

一九九九年在國內金融環境及經濟局勢前景低迷下，對今年汽車買氣或許有點殺傷力，估計銷售量僅有四十五萬輛，但對經營績效良好的兩大汽車公司中華車及裕隆，獲利保持一定的水準應沒有多大問題。

裕隆一九九八年稅前盈餘高達六十九億一千萬元，每股稅前EPS四・八五元，即使一九九九年底股本膨脹到一百五十七億元左右，以一九九九年預估盈餘五十二億元，每股稅前EPS仍有三・三元。

中華車一九九八年稅前盈餘高達五十一億三千六百萬元，每股稅前EPS五・二八元。一九九九年僅配發〇・五元股票股利，一九九九年增資後股本膨脹到一百零七億元，以一九九九年預估稅前盈餘三十八億元，每股稅前盈餘仍達三・五四元，仍不失爲高獲利的績優上市公司。

現在大家比較擔心的是台灣加入WTO之後，小汽車進口關稅十年後調低至一七・五%，以目前進口車關稅爲三〇%，預估加入WTO之後十年進口車關稅，將較目前減少一二・五%。

一九九七年下半東南亞金融風暴之後，新台幣貶値到最高三十五元兌一美元，以一九九八年底仍維持在三十二・二元兌一美元水準，仍較東南亞金融風暴前的二十七・五元兌一美元貶幅了一七%。所以一九九七年～一九九八年進口車在台灣市場大幅衰退。

進口車由一九九七年的二一・二%佔有率，到一九九八年降為一〇%，也就是一九九八年國內總車市銷售量僅四十七・四萬輛較一九九七年衰退四千輛，而國內各汽車上市公司一九九八年營收皆能較一九九七年大幅成長，裕隆成長一二・七%，中華車成長一九%，三陽成長九・四%，和泰車成長二〇・九%，主要就是拜進口車佔有率大幅衰退所致。

2.瓜分國產車留下的市場

國產車自爆發護盤股價導致公司發生財務危機後，截至目前為止情況並且沒有減緩，反而有趨向惡化情況。以國產車銀行借款一百五十億元，民間借款二百億元，若連同關係企業間的民間借款，有人估六百億元，甚至連媒體報導八百億到一千億元都有可能，則國產車要有存活的機會相當渺茫。

國產汽車一九九八年十一月十七日停止交易時股價三十元，場外交易外資想以每股五元認賠都沒有人敢要，其險境可想而知。

國產車在目前國內五家汽車上市公司營收是屬於最低的，但近五年（一九九四到九八年）平均營收維持仍在一百六十至一百七十億之間。如果國產車不存在了，每年一百六十億元左右的市場，起碼有一百億元會給國內四大汽車廠瓜分掉，對每家公司也不無小補，且又以經營績效最好的裕隆車及中華車受惠最大。

大家認為進口車關稅在加入WTO之後，將由現行三〇%在入關後十年降為一七・五%，專家估計國產汽車市場佔有率會因此下降一五～一八%，以一九九八年國內市場銷售量四十七・四萬輛，則國產汽車銷售量將減少七～八・五萬輛。

實際上，就市場競爭法則「優勝劣敗，適者生存」，在進口車關稅大幅降低之後更能突顯各家的競爭能力。裕隆及中華車一九九七到九八年這二年平均營業利益率都能維持在八%左右的高水準，主要就是各種車型自製率頗高。裕隆兩年都能維持在八〇%以上，而中華各小型車平均自製率為七二・五%，其中自行研發的威利車型自製率更高達八六%以上，與技術母廠三菱共同研發的世界車FREECA自製率也達八〇%以上。反觀三陽及和泰因自製率不高，須由技術合作原廠進口零件，以致一九九七至九八年三陽平均營業利益祇有三%，和泰更僅有一・六%的平均營業利益率。

現行汽車進口關稅三〇%，與零件進口維持一〇%的差距，即零件進口關稅二〇%。將來在汽車進口關稅降到一七・五%，零件進口關稅也同時降到七・五%，會使得自製率降得更低。靠技術合作原廠進口零件，屆時有可能造成原廠乾脆考慮直接進口完成車

國內上市汽車公司營運分析

1998～1999年　　　　單位：億元、萬輛

分司別	1998年營收(億元)	1998年稅前盈餘(億元)	1998年銷售台數(萬輛)	1999年營收(億元)	1999年稅前盈餘(億元)	1999年銷售台數(萬輛)
裕隆	530	69.1	8.65	535	52	8.8
中華	528	51.36	10.80	489	38	內銷11 外銷1.5
和泰	536	13.09	8.93	550	12.5	9
三陽	312	13.6	3.58	350	17	汽車5 機車50

資料來源：交通部數據所及公司預測。

註：1998年營收億元以下四捨五入。

表2-13

販賣即可，對自製率低的台灣汽車製造業打擊更大。

反觀自製率高達八〇%以上的裕隆及中華車，各擁有一百三十家以上零組件協廠，且與重要協力廠都有轉投資的關係。這些協力廠提供中華及裕隆在機械加工、大鈑金件、電裝品、小沖壓件等設備上的援助。當汽車關稅降低到一七·五%，爲因應進口零組件關稅也降到七·五%，國內零組件廠也會逐漸壓低成本及售價，尤其這些重要協力廠都是裕隆及中華的轉投資事業，自然會得到兩大汽車公司協助，因而

能順利因應未來的狀況。

尤其中華車以生產商用車爲主，雖然外商進口商用車單價較低但運輸成本過高，進口商用車將不符合經濟規模，故商用車的進口市場極小，更不須要擔心台灣加入ＷＴＯ之後進口商用車的威脅。

3.中華車深耕中國大陸

裕隆及中華車這兩家績優公司爲因應加入ＷＴＯ之後的衝擊，更充滿了危機意識。裕隆爲了企業的永續經營及繼續朝國際優質化的目標前進，將展開第三階段企業再造工作。中華汽車則逐步計劃投資超過五十億元金額設立亞洲技術研究中心，同時將進行研發未來三至五年間將開發的新車款，雖然裕隆也成立汽車研發中心，這二家兄弟公司將共用研發中心硬體的部分，往下開發不同車型的部分再各自分流，達到資源共享的目的。

實際上，裕隆及中華未來最大商機不在國內，而是在中國大陸。中國大陸因爲地大人多，擁有汽車製造業所需生產成本低廉及廣大銷售市場的利基。

一九九〇年起中國汽車市場的年平均成長率爲一三・二％，位居世界各主要國家的首位，以一九九七年銷售量一百五十七萬三千輛來看，按照每年平均一三・二％成長率，公元二〇〇〇年就有二百二十八萬輛，公元二〇〇一年則有二百五十八萬輛市場規模。距官方預定目標三百萬輛或許有段差距，但是按照這種年平均成長率一三・二%的速度，公元二〇〇五年，中國大陸汽車市場的規模可達到三百五十萬輛至四百萬輛。中國大陸是國際車廠公認二十一世紀全球最具潛力的市場，主要的理由如下：

⑴朱鎔基上台後，大幅度推動國有企業及經濟體制的改革，將進一步帶動汽車需求的增加。

⑵目前沿海十二省市的平均所得已達一千一百美元，而且GNP保持九%的高成長，沿海省市將逐步邁進富裕生活，消費能力將大增。

⑶截至一九九八年底止，中國汽車保有台數僅有一千一百萬輛；以中國大陸起碼十二億人口，不到一百人有一部車，在比率上與東南亞各國比較仍偏低，成長潛力可觀。

中華汽車是最早到中國大陸投資的國內上市公司，一九九五年底與福建省政府合資的東南汽車廠，雙方各持股五〇%，一九九七年完成建廠生產，當年度營收換算新台幣二十億元，居然第一年就達成損益平衡，績效相當驚人。去年（一九九八年）該廠營收四十億元，稅前盈餘一・四億元，第二年就開始賺錢，更令人激賞。

東南汽車廠目前以生產公務車爲主，再加上以先付款再交車的方式營運，尤其合夥人是福建政府，在共產制度下無人敢賴帳，故沒有債務方面的問題。

一九九九年第二季青口新廠正式運作之後，東南汽車當年度可銷售一．五萬輛，營收額可達一百二十億元是去年的三倍，稅前盈利估六億元，而公元二〇〇〇年產量預計可達六萬輛，營收可達四百五十億元，稅前盈利估二十七億元，則中華汽車認列的投資收益可達十三億五千萬元，幾爲二〇〇〇年當年度股本，每股ＥＰＳ貢獻度一元，將成爲標準的中國概念股。

中華汽車轉投資福建東南汽車營運預測

1997～2000年　　單位：新台幣億元

年度	營收	稅前盈餘	中華汽車持股比例50%可認列收益
1997	20	—	—
1998	40	1.4	0.7
1999	120	6	3
2000	450	27	13.5

註：中華汽車是以持股100%英屬維爾京群島華威股份有限公司轉投資福建東南汽車持股50%。

表2-14

裕隆則起步較晚，但裕隆有意收購中國第十大汽車廠哈爾濱哈飛汽車公司股權，一旦成功，將成爲三菱汽車在大陸的引擎製造基地，以供應東南廠的引擎需求。

東南汽車所生產的得利卡商用車，一九九八年五月自製率約四四%，下半年得利卡搭載瀋陽航天三菱發動機公司所生產的引擎及變速箱，自製率大幅提高到八〇%，對降低成本大有幫助。這也是評估一九九九及二〇〇〇年營收會暴增，稅前盈利也會大幅成長的主要原因。一九九九年國內汽車市場或許會因經濟景氣低迷、企業財務危機，以致買氣衰落。但我認爲裕隆及中華汽車仍可維持一定績優獲利，以增資後一九九九年底股本計算，裕隆及中華各維持每股稅前盈利EPS三元及三・五元應沒有問題，股價或許會因今年ESP比去年（一九九八年）衰退，而陷入不易強勢表現機會。

4.二〇〇〇年後，最大中概股

公元二〇〇〇年起，中華車在大陸的東南汽車若進入高獲利起步階段，當年度就可挹注中華車投資收益十三億五千萬元，相當於每股ESP一元貢獻度，將使得中華車進入中國概念股高獲利公司，可能會成爲最大中概股。

二〇〇〇年以後全球主要車廠將僅剩下十大廠，且以競逐市場龐大的中國大陸爲主，中華汽車在掌握先機之下，應有能力在中國大陸市場佔有一席之地。

5.中華車股價分析

中華車即使一九九九年稅前盈利僅有三十八億元，但以增資後股本一百零七億元，每股稅前EPS仍有三・五元水準。而且二〇〇〇年在大陸東南汽車廠投資效益將逐漸顯現，因此第三季末期股價或許有先發動之意。

一九九九年除權後股價有回到E線支撐四十五元附近，都屬於中長期買點，二〇〇〇年在大陸東南汽車廠投資效益發揮，以及汽車業景氣在股市指數重回八千點之上有可能逐步復甦，當其本業獲利成長，中長線股價有挑戰C線壓力約八十元處實力，破E線則有回到三十五元起漲區附近，是中、長線大好買點。

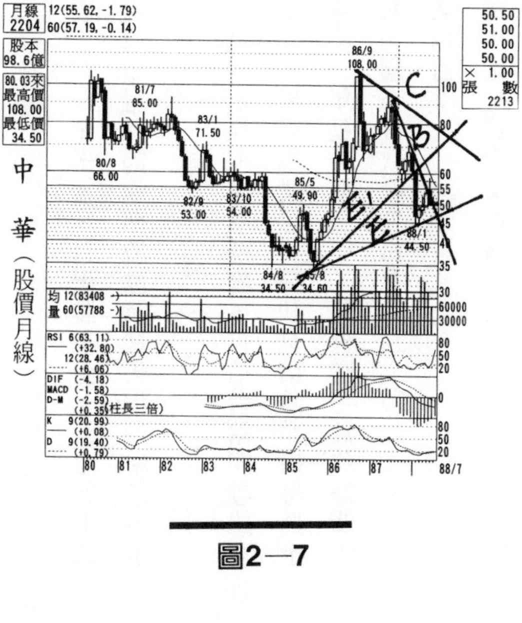

圖2—7

五、房地產等待轉機！

1.房價崩跌，政策利多有效嗎？

一九九八年十二月上旬北、高市長及立委三合一選舉後，台灣股市由七三七五下跌千點，引爆的重心在營建股的崩跌，及連帶引起金融股因逾期放款及壞帳提列增加，跟著引起大跌所造成。

一九九八年十二月三十一日行政院院會通過決定採取多項措施，包括台糖開發住宅業務暫停二年，眷村（國宅）改建計劃延緩二年，所得稅購屋貸款利息扣除額由每戶十萬元提高為二十萬元，首次購屋貸款利息優惠由一年延長為三年，此外國宅貸款每個人的額度亦由一百六十萬元提高至二百二十萬元，國宅貸款優惠利率為五．〇七五％。

財政部提出的刺激房地產景氣的減稅方案包括：

⑴調降買賣契稅稅率二成，目前契約條例規定，買賣契稅為契價的七．五％，調降二成之後為六％，若房屋評定價格為一百萬元，買賣契稅價格大概可以節省一萬五千元。

⑵綜合所得稅中有關購屋借款利息扣除額方面，目前每戶每年扣除額上限為十萬

元，未來將調高爲二十萬元。

上述二個方案都需要經過修法的程序，必須經立法院修正通過才能夠實現。

財政部指出，目前各大行庫辦理無自用住宅者首次購屋優惠利率貸款，主要以每戶爲單位，規定本人、配偶及未成年直系親屬都沒有自用住宅才可以申請，新的規定主要放寬爲只要申購人本身沒有自用住宅，就可以提出申請，即使配偶名下已經有房屋，也沒有關係。

其次，原來優惠利率的對象是以首次購屋爲主，未來則不限是否爲首次購屋，祇要是換屋就可以提出申請。

中央銀行並且宣布將提出一千五百億元郵政儲金轉存款供銀行辦理低利購屋貸款，年利率只有五·九五％，其中政府補貼〇·八五個百分點，期限二十年，共計要編列一百四十九億元預算補貼，希望一九九九年能夠消化十萬戶餘屋。

央行提供的貸款期限二十年，寬限期三年，貸款本息分十七年平均攤還，優惠貸款額度分爲二類，台北市每戶二百五十萬元，其餘地區爲二百萬元，適用對象爲八十八年一月一日起至十二月三十一日止完成購置新屋且完成過戶登者。

政府上述強力的振興房地產景氣措施，對目前全台近百萬戶空屋量，有多大效益，是令人存疑的。

2.自有比率太高，新新人類不買屋

台灣近百萬戶空屋，遠因是自一九九一年起全台陸續實施容積率管制，造成一窩蜂搶建，更大的罪魁禍首則是各地方縣市首長上任後，無不以市地重劃爲已任，將一些原本爲農地、荒地藉由市地重劃改爲建地，這些原本不值錢土地經由市地重劃後，身價立刻暴漲，地主變成暴發戶，不管是自建或者與財團掛勾合建，房屋供應量遂呈現直線暴增。

全球主要國家自用住宅比例比較

1998年底　　單位：%

國　名	自用住宅比例(%)
台　灣	84.57
英　國	67
美　國	64.7
加拿大	64.3
日　本	60.2

資料來源：行政院主計處。

表2-15

如表2-15，一九九八年台灣自用住宅比例高達八四．五七％，不僅位居世界第一，且與歐美先進國家美、加、英相比較，也有近二〇％的差距，鄰近的日本也才祇有六〇．二％。

在台灣這麼高的自用住宅比例中，有些人不僅是有一戶房屋，甚至還擁有一棟、甚至二棟以上投資性房屋。這幾年在房地產嚴重不景氣下，房價不僅無力上漲，且買了就被套住，要脫手的時間拉長，加重這些投資客利息的壓力，房價遂呈現慢性盤跌，讓許多人寧可殺出，先賣先贏再說。

實際上，我在《顛覆投資策略》一書中就曾經提出下列看法：

⑴黃金自跌破每盎司三百五十美元大關卡後，持續不斷破底創新低，顯示黃金已經不再被視為投資工具。下一個（二十一）世紀，房地產將步入黃金後塵，也不再被視為投資工具。

⑵全球新新人類具有一共同特色，即注重個人享受、生活品味，更不可能在房價高漲時代，為了買一間難有增值空間的房子負擔高額貸款，為炒作高價房地產的財團當二十年奴隸。

台灣適婚婦女的生育率祇願生一．五九個小孩，比生育率低的法國、美國還要少，已經有人口生育專家提出警告，再這樣下去，公元二〇一〇年以後台灣人口將變成負成長。

即使行政院及中央銀行、財政部在一九九八年十二月三十一日公布振興房地產景氣持續每年執行，但以台灣空屋戶數量近百萬戶，即使一年消化掉十萬戶餘屋，也要十年才能消化完畢，而這十年內難道國宅、眷村改建，及民間建商全部都要停擺嗎？這是不可能的事情。

尤其，擁有自用住宅者已經佔人口比率八五％，有房子的早就有，除非是換屋，否則根本不會去買沒有增值空間的房屋，沒有房子的寧可去租屋或是房價下跌到他可以接受的價位。

在美國，一個年輕人祇要認眞工作不到三年，不吃不喝就可買到他的基本需求的房子。日本房價經由泡沫經濟消失後，房價腰斬再腰斬，現在日本年輕人祇要認眞工作四年，不吃不喝就可買到基本需求的房子。

在台灣，即使以這二年來中南部房價已經幾近腰斬，但是年輕人也要認眞工作十年，不吃不喝才能買到基本需求的房子，在台北市恐怕要十五年吧！

因此台灣房屋空屋量近百萬戶，除了供給遠大於需求的因素之外，房價仍然太高也是主因。即使房價現在已經下跌一段，許多新新人類還是覺得租屋較划算。

所以，行政院公布的振興房地產景氣方案，祇會增加潛在性購屋需求，即所謂假性需求，這些人屬於較衝動性、判斷力較差的購屋者，等這些買盤消化後，對目前供過於求嚴重空屋數量助益有限，而這些潛在性購屋者購屋經由一段時間後，房價若繼續下跌，會發現政府所提供的減稅及降低貸款利息，根本不足以彌補房價下跌的損失。所以，行政院的振興房地產景氣方案被批評爲幫建商與財團、銀行解套方案，其道理就在此。因爲眞正的理性購屋需求者，仍會繼續等待到他們認爲房子已經下跌到合理價位，才會進場。

3.歐、美房價較台灣便宜

這幾年來我常到歐、美先進國家旅遊，一九九六年七月曾在加拿大渥太華友人處住過一段時間。他的住所是二層樓別墅，後面有一個大游泳池，前面約有二十坪花園，地坪約八十坪到一百坪，市價祇要二十五萬美金。以台灣目前匯率三十三元兌一美元，也祇要八百萬新台幣，最近我問他在那邊買房子有增值空間嗎？他簡單一句：「加拿大地廣人稀，房子想漲價，門都沒有」。

一九九七年二月我再度（第二次）去紐西蘭（喜歡那裡空氣新鮮，空曠的環境），在基督城（紐西蘭第三大城）買了一間像樣的別墅，祇要不到二十萬美金，而在但尼丁（第四大城，醫科大學甚爲有名），市區的別墅祇要十五萬美金，郊區則不到十萬美金。紐西蘭以農立國，或許不是適合年輕人奮鬥的地方，但卻是養老的好去處。

一九九七年六月我去北歐，在丹麥首都哥本哈根通往皇宮兩旁道路蓋了許多高級別野，靠海的一邊景色尤佳，當地導遊要我們猜一棟的價值多少？結果全團最低的出價是新台幣三千萬元，當地導遊卻祇比出一根手指一千萬元，把大家都嚇壞了。他還強調這些高級別墅祇有來自西歐皇宮貴族或達官貴人才會買，供作每年夏季的渡假聖地，可省下旅館費，對這些有錢人是划得來的。

一九九八年二月我去西班牙，在巴塞隆納參觀時路過一九九二年奧運選手村，當地導遊告訴我們每間房子實坪都有五十坪，含四間大房、二個衛廁，公共設施如游泳池、網球場，室內有健身房、電影館、文物中心等，應有盡有。這樣一間大公寓祇要新台幣八百萬元。

巴塞隆納是西班牙第一大港，是極具現代感的城市，也是商業中心，飛機距倫敦、巴黎各祇有一個小時時程，因此許多來回兩地的商業人士，都寧可在巴塞隆納購屋，因爲房價比倫敦、巴黎便宜太多了。

在歐洲，年輕人自小與父母居住，十八歲獨立出來後，大部分都租用政府提供的廉價國宅。在他們認爲除非事業有成、有相當經濟基礎或者已經成爲富豪，才會想到購屋。

過去大部分東方人存有「有土斯有財」觀念，因此一出社會或結婚生子，第一個念頭就是購屋，然後得節衣縮食二十年，等老了，房貸還清了，才擁有一戶簡陋的房屋。

台灣自一九七六年開放出國觀光後，現在的新新人類出國頻繁，世面見多了，當然瞭解台灣房價是否合理，尤其是新新人類，他們所追求的是生活的品味、工作上的酷，要他們節衣縮食爲房屋打拼是很難辦到的，這可由台灣儲蓄率自一九九〇年來逐年下降到二六%，遠低於新加坡五〇%，中國大陸四〇%，也比鄰近南韓的三五%要低近一〇%，得到答案。

5.營建公司負債比率太高，降價求現

台灣營建上市公司普遍具有高負債、低自有資本比率的特色。尤其，營建上市公司股本膨脹到三十億元，今後每年要靠成功推案賺取每股稅後EPS二元，是相當困難的。目前台灣空屋量近百萬戶，預售屋推案成功率也愈來愈低。雖然目前盛行高額貸款，由簽約到付訂金、工程款所佔總價款比率已由過去三〇%降到不到二〇%，甚至低達一〇%都有，依然乏人問津。有些推案失敗，賣不出去的房子在促銷時還盛行買房子送車子呢。

因此，營建上市公司若再用以往的方式推案，每年再增資無償配股，一旦推案失敗，股本膨脹所帶來稀釋股利馬上顯現，另一方面餘屋的積壓將使公司資金周轉不易，重則使財務結構惡化。所以，營建公司在近百萬戶空屋量的壓力下，應朝向商用不動產，提

供出租使用的辦公大樓或類似商務旅館的經營，或朝向休閒不動產開發招收會員方式，讓公司每年先有穩定收益，再以推案爲輔方爲上策。

6.股市上八〇〇〇點，房地產才具轉機

央行提供的一千五百億元郵政儲金轉存款供銀行辦理低利購屋貸款，大約可消化十萬戶餘屋，對目前有效空屋數八十萬戶，大約可減少一二・五%，而全省容積率自一九九九年五月開始全面實施，造成可供建地減少，但如此雙管齊下也祇能讓房地產供需不再惡化，穩住房地產的跌勢罷了。其實要眞正有效提振房地產復甦景氣，關鍵仍在消費能力的提高，而消費能力是否能提高，就在於股市能否重新回升到八千點之上。

我預期一九九九年第四季台灣股市可望回升至八千點之上，明年（二〇〇〇年）總統大選後，祇要連戰當選總統，必然會以提振國內內需景氣爲首要任務。

連戰素有「福將」之稱，一九九三年二月初就任行政院長，國內股市剛好來到最低點三〇九八點，一九九七年六月連戰卸下行政院長，國內股市剛好面臨萬點關卡，一句「萬點建康論」讓連戰付出不少代價。

我認爲連戰祇要當選總統，爲了「萬點建康論」，勢必想盡辦法讓股市重新回升至萬

點之上，而關鍵就在房地產是否出現轉機。

房地產若出現轉機，必然是長線第五波末升段不可或缺的主流股，八千至萬點甚至萬二的長線第五波末升段，少不了會有房地產股表現的機會。

7.國建、冠德具指標角色

營建股中財務狀況最好、長期自有資本比率維持在六〇%以上的國建，以及每年維持每股二元獲利且積極跨入商用出租不動產市場的冠德，最具指標角色。

(1)國建股價分析：

一九九七年三月自五十五元轉入長

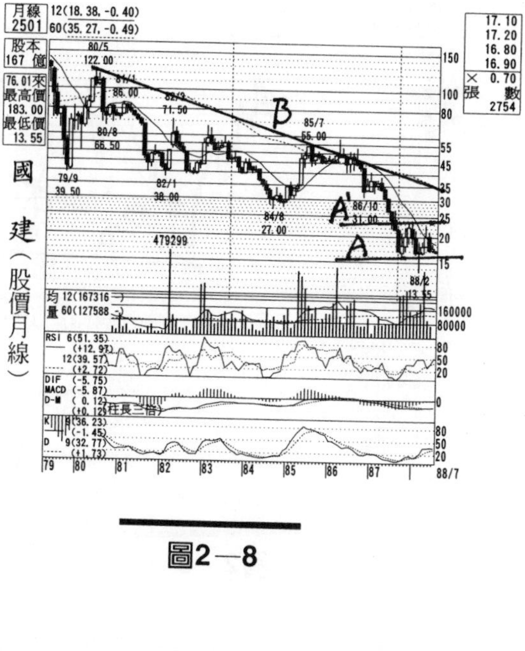

圖2—8

期空頭市場，至一九九九年二月份跌至十三・五五元才止跌，距五十五元祇剩二四・六％。

技術面，A線支撐處十五元附近是屬於中長線買點，未來在房地產轉機下，祇要突破長期盤整區上限二十四元，就有攻向B線壓力三十五元的實力，破A線，顯示房地產無復甦跡象，不急於介入。

⑵冠德股價分析：

一九九七年三月自八十九元轉入長期空頭市場，跌至一九九九年二月十八・七元才止跌，距八十九元祇剩二〇・五六％，一九九九年除權二・五元股票股利後，預期一九九九年及二〇〇〇年

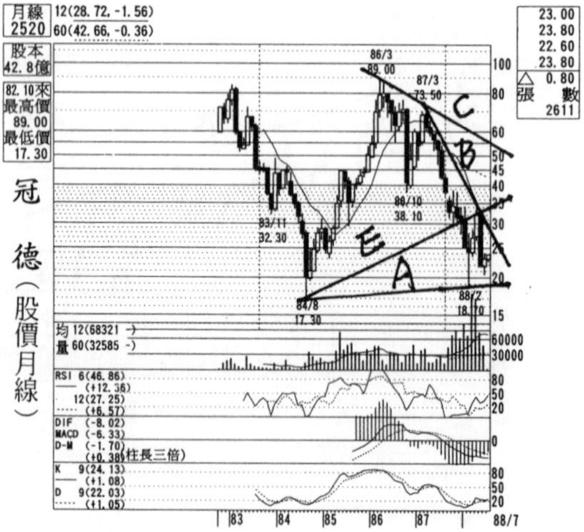

圖2—9

每年各維持每股二元獲利應沒有困難，則A線處二十元附近是中長期買點，一九九九年除權後有回到此價位附近時可逢低佈局，破A線顯示房地產無復甦跡象，不急於介入。

二〇〇〇年房地產若出現轉機，突破E線壓力約三十五元，就有挑戰C線壓力五十元實力，但五十元以上似乎是不易突破的關卡。

8.兩岸三通將是房地產的惡夢開始

二〇〇〇年以後，上海將取代香港成爲全亞洲金融中心，配合大陸龐大的市場，將是全球矚目的都會中心。

兩岸一旦三通、直航實現，台北高價房地產將不再容易維持，最簡單的道理就是企業的中心將移至上海，而台北將成爲副中心，這對台灣房地產將具有莫大殺傷力，也是台灣房地產再次惡夢的開始。

六、金融業最壞的環境已經結束

1.過高逾期放款重挫金融股

根據表2-16一九九八年十二月二十日聯合徵信中心的資料，自去年（一九九八年）十月份起國內企業所引爆的財務危機，造成銀行的不良債權高達二千四百億元。依銀行對逾期放款的定義，是企業三個月沒有繳息，才會列入逾期放款。雖然上述引爆財務危機的企業，有部分在股票市場已經暫停交易，但在金融機構的繳息仍然正常，因此上述引爆財務危機的企業，很有可能目前尚未在銀行的逾期放款名單中。

由表2-16顯示，與這些問題企業往來最密切的首推彰銀、一銀，金額都在一百二十億元之上，而且無論是公營銀行或民營銀行，幾乎沒有一家倖免。

在新銀行方面，與上述問題企業來往金額最大的是萬泰銀行，高達八十到一百億元，其次是中華、大安、富邦、中央票券，金額都在七十到八十億元，而泛亞、中興也都在六十到七十億元。

銀行貸款與問題企業集團的往來金額

1998.12.18

金　額	金　融　機　構
120億元以上	彰銀、一銀
80億～100億元	交銀、土銀、合庫、華銀、萬泰銀
70億～80億元	中華、大安、富邦、中央票券
60億～70億元	農銀、中興、泛亞、中聯、慶豐
50億～60億元	台企銀、華票、僑銀
40億～50億元	中華開發、匯通銀、台銀、寶島
30億～40億元	宏福票券、中信銀、聯邦、中國商銀、遠東、安泰、萬通、台新
20億～30億元	萬泰票券、世華、上海商銀、國票、興票、中信局、台北銀行

資料來源：聯合徵信中心、各金融機構。

註：問題企業包括聯蓬、萬有、駿達、羅傑、中精機、瑞聯、東隆五金、宏福、廣三、安鋒、新巨群、漢陽、禾豐等集團。並非所有貸款都是損失，有些有擔保品、有些尚能正常營運，有些已由其他投資者承受。

表2-16

這也就是爲什麼中央票券一出事，財政部馬上要求銀行團接管，因爲央票除了與上述問題企業來往金額達七十到八十億元，全體銀行對央票的拆款金額更高達二百億元，一旦央票倒閉，銀行的債權將無法確保。

當然，銀行與上述問題企業的貸款金額並非完全損失，有些有十足擔保品，若就授信品質來分析，國內老銀行因與企業往來的時間較長，手中握有的擔保品品質較佳，反而是年齡較輕的新銀行較令人擔憂。

上述問題企業與銀行來往金額高達二千四百億元，其中以禾豐集團的五百億元最多，其次是安鋒、新巨群、漢陽第三集團的銀行貸款金額各高達三百五十億元上下，廣三集團則有二百億元，在一百億元左右的企業則包括瑞聯、東隆五金、宏福，六十億元左右的則有中精機，其他的聯蓬、萬有、駿達、羅傑等與銀行往來的金額則在四十億元上下。

如果上述問題企業所引爆的不良債權，在一九九九年未獲得解決，則國內金融機構在今年（一九九九年）的逾放比率將大幅竄升。

所以，金融股在此隱憂下，當大盤由七四八八點殺到五四二二點時，成爲台灣股市中最弱勢的股票，三商銀股價不僅跌破五十元，到一九九九年元月份彰銀最低來到三十九元，一銀四十元，華銀四十三元。

目前國內全體金融機構逾放金融高達三千億元，加上上述問題企業不良債權二千四百億元，連同其週邊行業，總逾放金額高達六千億元。

此次政策對各家銀行EPS影響估計表

公　司	股本	87年營收	每股營收(元)	營業稅降低可增加的盈餘	營業稅降低可增加的EPS(元)	存款總額	存準率調低可增加的盈餘	存準率調低可增加的EPS(元)	合計EPS貢獻(元)
彰　銀	28350	69172	24.40	1806	0.64	712137	606	0.21	0.85
一　銀	31472	79156	25.15	2114	0.67	821143	699	0.22	0.89
華　銀	28318	71212	25.15	1830	0.64	751350	640	0.23	0.87
中　銀	22984	47502	20.67	1158	0.50	380608	324	0.14	0.64
竹　企	11514	20364	17.69	523	0.45	232459	198	0.17	0.62
北商銀	13900	21700	15.61	507	0.38	232744	198	0.14	0.52
南　企	6467	10664	16.49	300	0.45	125888	107	0.17	0.62
高　企	4632	6509	14.05	180	0.39	81981	70	0.15	0.54
東　企	5724	3661	6.40	99	0.17	37498	32	0.06	0.23
中商銀	15320	17840	11.64	456	0.30	199608	170	0.11	0.41
中信銀	25713	59722	23.23	1298	0.51	418916	357	0.14	0.65
復　華	11500	12011	10.44	360	0.31	19048	16	0.01	0.33
農　銀	9000	35278	39.20	917	1.01	361651	308	0.34	1.35
交　銀	15300	35894	23.46	896	0.58	183254	156	0.10	0.68
世　華	26049	39400	15.13	1090	0.41	403068	343	0.13	0.54
萬　通	13230	12573	9.50	324	0.25	134710	115	0.09	0.34
大　安	12498	12827	10.26	341	0.27	128234	109	0.09	0.36
北　銀	14000	38099	27.21	921	0.66	428615	365	0.26	0.92
中華銀行	11687	12380	10.59	305	0.26	132074	112	0.10	0.36
台　企	18700	56410	30.17	1543	0.82	621573	529	0.28	1.10
高雄銀行	3868	8715	22.53	227	0.59	108404	92	0.24	0.83
萬泰銀行	13359	14171	10.61	369	0.27	160089	136	0.10	0.37
聯邦銀行	13030	13781	10.58	344	0.26	146862	125	0.10	0.36
華信銀行	13269	15039	11.33	377	0.28	157717	134	0.10	0.39
玉山銀行	12134	14267	11.76	352	0.28	161159	137	0.11	0.39
富邦銀行	14580	15814	10.85	361	0.25	165290	141	0.10	0.35
亞太銀行	11367	10097	8.88	250	0.22	115929	99	0.09	0.31
台新銀行	12717	20551	16.16	529	0.41	163563	139	0.11	0.52
遠東銀行	11900	11103	9.33	302	0.25	112768	96	0.08	0.33

表2-17

2.政策利多挽救金融業

央行及財政部於一九九九年農曆年間宣布大幅調降存款準備率及金融業營業稅由五％降為二％，估計調降存款準備每年可為全體銀行增加八十億元的盈餘，再加上調降營業稅可為銀行增加四百一十多億元盈餘，共計可增加近五百億元盈餘，但這些盈餘限打消呆帳，預計四年後可減少二千億元壞帳金額。

央行及財政部的政策利多，對各家銀行EPS影響估計，如表2-17，以農銀每年EPS增加一．三五元最高，其次是台企增加一．一元，一銀〇．八九元、華銀〇．八七元、彰銀〇．八五元、中信銀〇．六五元、中銀〇．六四元、竹企〇．六二元、世華〇．五四元、北商銀〇．五二元。上述中銀、中信銀、北銀、北商銀、世華至一九九九年二月底止逾放比皆在二．五％以下，所增加的盈餘不僅足夠沖銷壞帳、還有剩餘供作獲利的實質成長。

三商銀截至一九九九年二月底止逾放比，彰銀為六．五六％，逾放金額四百六十四億元，一銀六．〇六％，逾放金額四百六十四億元，華銀五．八七％，逾放金額四百零八億元，因此一九九九年三商銀所增加的盈餘將用來全數打消呆帳，實際盈餘還看不出成長。但是，二〇〇〇年在存放款利差擴大，及政策利多新增加的盈餘足供打消呆帳後還有剩餘情況下，三商銀將進入獲利實質成長時期。

財政部另一項重大政策即鼓勵金融業合併，並給予租稅上的優惠，對性質相近的三商銀、中銀與世華，或許未來有合併利多的想像題材可供炒作。

總之，在政策積極對金融業輸送利多的情況下，可以顯示金融業最壞的環境已經結束。

3.中銀、世華率先進入獲利成長，三商銀合併題材

中銀一九九九年配股票股利一元，增資後股本膨脹至三百億元，在財政部及央行政策利多下，一九九九年除權後每股稅前盈餘有二・八九元實力，將是全體金融機構除國壽外，獲利最高的金融股。而世華一九九九年配股票股利一・二元，增資後股本膨脹至三百零三億元，在政策利多下，今年（一九九九年）除權後每股稅前仍有二・八元的實力。所以，一九九九年金融股的指標角色在中銀與世華身上。

三商銀最大題材在三家商銀合併為一家，且明年進入實質獲利成長時期，在一九九九年第三季末期或第四季初期或許即會反映此一利多題材，對股價將會有激烈反應。

4.中銀、世華、一銀股價分析

⑴中銀股價分析：

自一九九六年十一月由九十八元進入空頭市場至一九九九年二月二十五元才止跌。

技術面，股價突破三十五元後，進入三十八～四十五元間箱形整理，一九九九年除權後，有回到三十五元，都屬於中、長期投資買點，中、長線上檔壓力G線壓力五十元，破三十五元，買點向下移至三十二元～三十元。

⑵世華股價分析：

自上市以來即由最高價八十四元反轉進入空頭市場，至一九九九年二月二

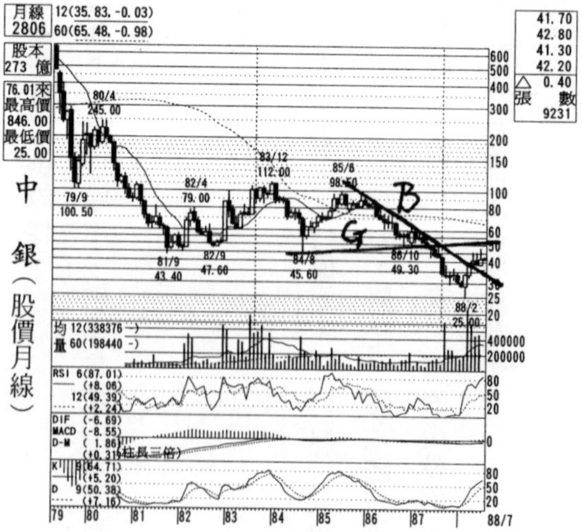

圖2—10

十六・六元才止跌，股價突破B線壓力，一九九九年除權後有回到四十元附近，皆屬於中、長期投資買點，未來G線壓力位於六十元，是上檔較大壓力處。

(3)一銀股價分析：

自一九九七年除權前一九七元反轉進入空頭市場，至一九九九年二月三十九・六元才止跌。

股價突破B線壓力後卻無急漲，顯示企業倒帳，投資人信心大受打擊，故祇有在六十四～五十四元箱形移動，似乎要等到第四季國民黨爲總統選舉造勢時，藉三商銀合併來拉抬行情，則上檔有挑戰八十元實力。

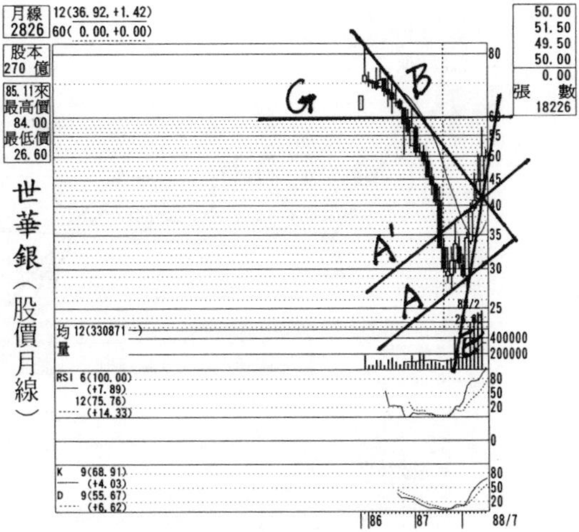

圖2—11

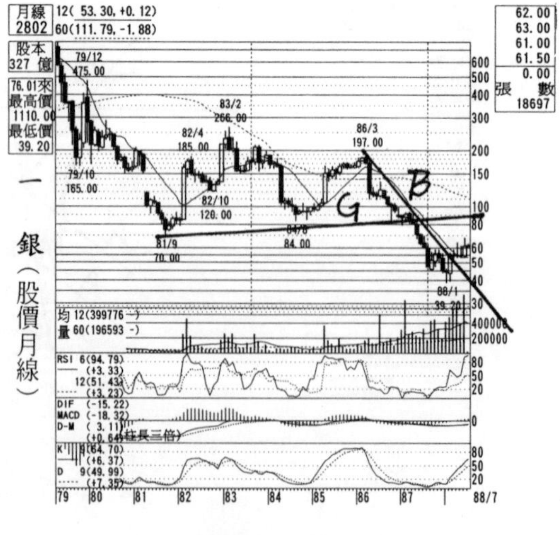
月線
2802
12(53.30,+0.12)
60(111.79,-1.88)
股本
327 億
76.01來
最高價
1110.00
最低價
39.20
79/12
475.00
79/10
165.00
82/4
185.00
83/2
266.00
82/10
120.00
86/3
197.00
81/9
70.00
84/8
84.00
88/1
39.20
G
B
62.00
63.00
61.00
61.50
0.00
張 數
18697
均 12(399776 -)
量 60(196593 -)
RSI 6(94.79)
(+3.33)
12(51.43)
(+3.23)
DIF (-15.22)
MACD (-18.32)
D-M (3.11)
(+0.64)
K 9(64.70)
(+6.37)
D 9(49.99)
(+7.35)
79
80
81
82
83
84
85
86
87
88/7

一銀（股價月線）

圖2—12

叁

科技產業篇

一九九八年，高科技產業內部本身的淘汰賽，

使「大者恆大，強者恆強」的趨勢更加明顯。

有幸晉升國際競爭力的一流大廠，

今後將掌握「人才、資金、技術」三大關鍵因素，

股價不僅享有超高本益比，祇要成長趨勢不變，

將永遠是股市的主流。

二線以下則淪爲傳統產業股，有電子股之名，

股價卻是永遠低價股。

投資高科技股名言：「買最好的公司投資」。

導言

我在《顚覆投資策略》書中曾提到，在美日甚至未來台灣，高科技股由於市場競爭相當激烈，產品生命期短，公司的研發、設計、行銷策略都爲市場所關注，且高科技股重視的是人才，公司的資金運用都在建廠及擴充產能，根本不可能去投資不動產，所以高科技公司大股東的誠信，市場要求的比一般傳統產業還要嚴苛。

但是，在一九九八年電子業景氣也受到亞洲金融風景甚至低價電腦的衝擊時，有許多營運不如預期的公司也出現二度調降財測，甚至大幅虧損的赤字，更讓人吃驚的是，上述公司的大幅調降財測，都趕在一九九八年十二月中、下旬甚至年度的最後一天，才宣布調降一九九八年財測。

無論有任何藉口，都顯示出上述公司的心虛，也讓人覺得這些公司的誠信不足。

這些電子公司包括：大幅擴大虧損赤字的全友、大業、鴻友、致福、亞瑟、廣宇、美格等，由年初預估大賺到年底獲利預估幾近爲零的藍天、昆盈、大衆等公司。

台灣股市這波長空由一九九七年八月二十六日一〇二五六點反轉下跌至一九九九年二月五日五四二二點止跌，初升段由五四二二點彈升至七七〇三點附近，電子股彈幅超過一倍或近倍的股票有下列幾種類型：

⑴崩盤後的亞瑟由八・九五元彈升至二十一元，漲幅一三五％，廣宇由十六・四元彈升至四十元，漲幅一四四％，打著轉機題材、獲利尚未見到的精英由十四・四元彈升至八十一元，漲幅四六二％，打著策略聯盟旗號的華升由十六・八元彈升至三十九元，漲幅一三二％。

⑵ＩＣ股合泰由十八・八元彈升至四十一元，漲幅二九％，茂矽由十八・八元彈升至三十七・八元，漲幅一倍，而華邦由二十三・五彈升至四十四・六元，聯電由二十九・八元彈升至六十六元，台積電由五十六・五元彈升至一二一元，宏電因德碁一九九九年不再虧損由二十八・八元彈升至五十五元，彈幅都近一倍。

⑶中華映管不再虧錢，而十七吋映管第二季再漲價，且已經於一九九九年三月二十五日申請上櫃，更大的利多是華映投資ＴＦＦ－ＬＣＤ將在一九九七年五月底量產，大同因持有華映綜合持股近七〇％，股價由十八・四元漲至四十元，漲幅一一七％，且拉回有限，呈現大漲小回走勢。

上述三種類股，除第⑴項是純投機炒作不談，第⑵項ＩＣ股，六四Ｍ ＤＲＡＭ價格之所以由一九九九年初最高價每顆十一・一六美元跌至五月下旬的五美元，甚至現貨市場出現每顆四・六美元低價，主要原因第二季美光、韓商大量產能開出，供應量激增四成所致。

台灣ＩＣ股，值得投資的祇有晶圓代工的台積電與聯電。台積電一九九九年增資後股本七百五十五億元，聯電六百三十九億元，在ＤＲＡＭ一路下挫的情況下，照常理，晶圓代工價格的上漲將會被抑制，但由於ＩＤＭ廠產能釋出致ＩＣ代工景氣復甦至一九九九年第三季才開始，所以即使其股價大漲一倍，且於第三季中期回檔之後，股價仍值得長期投資。

至於ＤＲＡＭ廠在六四Ｍ ＤＲＡＭ價格不斷走低，未來無法導入〇・二一微米甚至〇・一八微米的業者，將有被淘汰之虞，且台灣ＤＲＡＭ廠股本，華邦二百八十八億元，茂矽二百三十六億元，一九九九年預估每股稅前盈利僅一元，未來展望將不如晶圓代工看好。

大同藉中華映管的題材可以由十八・四元漲至四十元，漲幅一一七％，則明電中長綫可注意。

明電是國內最大光碟機及監視器雙領域最大廠商之一，且是國內大哥大最大手機廠商，自去年（一九九八年）與東榮電信策略聯盟，今年（一九九九年）更加入台灣大哥大，且接到日本NEC及美商摩托羅拉大訂單，大哥大手機產能由年初二萬支至下半年將擴增至十萬支，至一九九九年底將達到月產一百萬支的規模。

明電持有達碁近四八%股權，達碁TFT－LCD以IBM第三·五代爲主，將於一九九九年七月量產，TFT－LCD將是跨世紀取代半導體的明星行業，且至二〇〇一年都將供不應求，明電一九九九年配發股票股利一·五元，增資後股本僅七十六億元左右。

明電中長綫在大哥大手機量產經濟規模效益及達碁挹注轉投資收益對每股EPS貢獻度，比大同來自華映轉投資效益還要大很多，中綫起碼看到八十元以上。

明電估今年（一九九九年）稅後盈餘二十億元，以增資後股本七十六億元，每股稅後EPS二·六元，但明年稅後盈餘可能倍增至四十億元以上，則長綫有可能突破九十五元天價，進入百元高價股。

大盤由五四二二點彈升至七七〇三點，績優中下游電子股如華碩、英業達、技嘉、微星、聯強、廣達、華通、鴻海、達電、仁寶、國聯光電，漲幅都沒有超過近倍，顯示今年（一九九九年）中下游電子股在低價電腦殺至每台二九九美元，對獲利的衝擊性遠大於營收成長。

一九九九年第三季財報將於十月三十一日出爐，我認爲中下游電子股將會呈現極端優勝劣敗，經得起考驗的中下游績優股將會脫穎而出，並且可望領先上漲，我認定經得起考驗的中下游電子股有華通、華碩、英業達、廣達、聯強、國聯光電。

本篇計分八章，每章皆以專題方式，深入分析目前電子業中最熱門的話題及產業：⑴ＤＲＡＭ成本效益分析，兼論ＩＣ設計業。⑵筆記型電腦新三強。⑶ＣＤ－Ｒ好景還有多久？⑷ＬＥＤ明日之星。⑸率先跨入ＴＦＴ－ＬＣＤ有前景嗎？⑹上網三百五十萬人，誰是贏家？⑺那家通路商最值得投資。⑻零組件高獲利，面臨挑戰！

以上主題希望讀者能對高科技產業有進一步認識。

一、台灣DRAM廠沒「錢」途！

1.DRAM成本效益分析

一九九九年元月初每顆六四M DRAM行情持續維持在九．五到十一美元的好行情，最高十一．一六美元，以這個價位，用〇．二五微米製程生產的六四M DRAM，都有一成到二成的營業利益，而造成第一季的好行情有下列的原因：

(1)美光提出的反傾銷方案。

(2)日本廠商轉攻一二八M DRAM或二五六M DRAM。

(3)南韓三星、現代、LG堅守價格策略成功。

但是，第二季起美光及三星所生產的DRAM月產量都已經高達各二千萬顆，加上台灣廠商如茂德、力晶、華邦、世界先進、南亞六四M DRAM大量開出，市場供給量遠大於需求，遂使DRAM現貨價格在五月下旬往下滑落到每顆五美元，甚至出現四．六美元的價位。

六四M DRAM自一九九八年中曾跌到最低點七美元，剛好是廠商的生產成本，之後一路走高到一九九九年元月初，主要原因是到一九九八年底之前，全球有能力以○・二五微米技術量產的廠商祇有韓國三星、金星，美國美光，日本NEC，台灣茂德、華邦等廠商，日本主力廠商如日立、東芝、三菱、富士通等的產量都不大。

一九九九年第二季六四M DRAM在供應量大幅增加遠超過市場需求，五月下旬每顆已經滑落到五美元，對上述獲利大幅改善公司，則有待重新評估。

首先從DRAM成本效益來做評估：

如表3－1中所示，到一九九九年上半年止，全球主要六四M DRAM生產廠商的月出貨量將達到一億一千九百萬顆，較一九九八年底的九千八百萬顆增加二千一百萬顆，也比一九九九年全球月需求量約八千四百萬顆超出四一・六％。

如果市場的供給大於需求，僅在五％以內，對DRAM的價格要維持穩定並不困難，即使有回檔，幅度亦有限。但是供給一下子超出需求四○％以上，後市令人相當悲觀。

由表3－1中DRAM製程與成本結構來看，○・三五微米製造，前、後段每顆晶片成本就要十四美元，即使良率提高至九成以上，每顆成本也要十二美元以上，註定是賠錢生意。而○・二五微米製程，每顆前後段成本約七美元，由於表中是以較嚴苛的產品良率七成爲計算標準，良率若能提高到九成以上，則每顆成本降到六・五到六美元，

64M DRAM製程與成本結構

	0.35微米	0.25微米	0.21微米	0.18微米
晶片數／晶圓 (Gross Die)	160顆	370顆	480顆	800顆
成品數(以70%成品良率計算)	112顆	260顆	336顆	560顆
前段晶片成本／顆	12.5美元	5.4美元	4.2美元	2.5美元
前、後段晶片成本	14美元	7美元	5.7美元	4美元
技術成本、營運管銷成本……	約2-3美元			
銷售毛利	−4美元	+3美元	+4.2美元	+6美元
銷售淨利	−6美元	+0.2美元	+1.2美元	+3.1美元

註：本表64M DRAM行情，以每顆10美元計算，管銷成本以高標準每顆3美元為準，致銷售淨利較低。

表3-1

全球主要64M DRAM出貨量表

1998年12月～1999年6月　　單位：萬顆

廠家 年月	美光	三星	LG及現代	日立	NEC	三菱	東芝富士通	茂德	合計
1998.12	1800	2000	2000	700	1000	800	900	600	9800
1999.6	2500	2500	2500	700	1000	800	900	1000	11900

註：全球64M DRAM 1999年需求量推估約10億顆，月需求量約8400萬顆。

表3-2

是有可能；以每顆行情九．五到十美元，廠商扣除管銷成本，每顆可賺一到一．五美元營業利益，獲利率約一五％至二五％，也算不錯的利潤。

但是，一些全球的主力DRAM廠如美光、三星，現代皆已經有能力將六四M DRAM以○．二一微米製程生產，表中以七成良率，每顆成本可降到五．七美元，如果良率提高到八成以上，則每顆成本祇要五．五到五美元，加上管銷費用，每顆成本則可降到七．五到七美元，行情祇要在七美元以上，就可賺錢。

IC技術愈高，良率就愈低，故六四M DRAM若以最先進的○．一八微米產製，目前的良率七成是世界標準，則每顆前、後的成本僅四美元，加上管銷費用，每顆成本僅六美元。

2.美光反傾銷控訴，不容忽視

一九九九年六月前，美光已有能力將旗下三座DRAM廠（購自德儀），全部以○．二微米製程生產，南韓三星也都有能力以○．一八微米生產二五六M DRAM，要用○．二一微米來產製六四M DRAM並不困難。日本主要廠商如日立、富士通、東芝、松下已經投入一二八M DRAM或者二五六M DRAM研發，顯然已經認爲六四M DRA

M僅是過渡產品，當然二五六M DRAM正式量產時間在二〇〇〇年下半年或二〇〇一年以後。

由於美、韓、日都是以自有技術爲主，而反觀台灣DRAM廠，除了世界先進外，都是向國外取得六十四M的產品及技術來源，以技術成本至少是市價的一〇%以上，再加上管銷成本，若以最低標準每顆二美元計算，良品穩定良率以七成計算，廠商必須以〇・二一微米產製，每顆總成本才可控制在九美元以內，而每顆六四M DRAM市價十美元，淨利率才有一二%到一五%。

反觀，若以〇・二五微米製程生產，每顆總成本加上技術權利金，已接近十美元，六四M DRAM祇要稍微風吹草動下跌，則廠商註定要賠錢。

按IBM出售六四M DRAM技術予南亞及宏電旗下的德碁，每年所收取的權利金，每家即高達二億美元，技術權利金之高，令人咋舌。

由表3—1可以得到一個結論，一九九九年六月前台灣DRAM廠若沒有能力以〇・二一微米生產六四M DRAM的，而是以〇・二五微米產製的，通通都要虧錢。

如果一九九九年五月美光控告台灣DRAM廠反傾銷案成立，即要負擔一〇%以上的反傾銷稅，就算台灣廠商有能力以〇・二一微米量產能力，也祇能維持小賺或者損益兩平，實質殺傷力相當大，對台灣DRAM廠是長期利空，不容忽視。

二五六M DRAM主要使用在伺服器專用的DRAM廠，後勢不僅將侵蝕六四M DRAM的市場，且是跨世紀二〇〇〇年後的主流產品，即使到一九九九年底每顆價格一百五十美元，也比六四M DRAM不知要跌到何種價格，要高出數倍以上的利潤。

由於台灣的DRAM廠技術落後美、韓、日好幾個世代，祇能用買技術支付權利金取得，或許到公元二〇〇〇年底都沒有能力量產二五六M DRAM，祇能做一些先進國家不要或即將淘汰的非主流產品，加上台灣DRAM廠一九九九年底股本起碼二百億元，即使賺點小錢，對EPS貢獻度頂多祇有一元，也是我一直堅持台灣DRAM廠毫無長期投資價值的主因，祇能利用短暫景氣行情熱炒一波，高檔套死一堆散戶，然後又要恢復長期下跌走勢。

在DRAM行情好時，晶圓代工行情也不易下跌，對無晶圓廠的IC設計業者在成本墊高下，屬於利空，股價不易表現，反之，有晶圓廠的IC設計業者就有揮灑的空間。

3. IC設計業

台灣半導體產業晶圓代工如表3—3及後段均已相當成熟，尤其爲數衆多的DRA

國內新加入晶圓代工戰場的主要廠商產能概況表

1999年

公司別	目前代工月產能	製　程	1999年代工產能擴充情形
德碁	6吋2.4萬片	0.5μm,0.45μm,0.4μm	1999年底8吋廠製程提升至0.21μm
	8吋3萬片	0.28μm,0.25μm	
合泰	5吋3.4萬片	0.7μm,0.8μm	1999年4、5月，8吋廠月產能提升至1.2萬片
	8吋0.5萬片	0.35μm,0.3μm	
力晶	8吋4000-5000片	0.35μm 0.3μm 0.25μm	1999年全數轉爲0.25μm
世大積體電路	試產階段月產能8000片	0.25μm	直接切入0.28μm，1999年底月產能達3.5萬片
聯誠	8吋3.5萬片	0.3μm占7成 0.25μm占3成	1999年3、4月全數切入0.25μm
華邦	5吋2.2萬片	0.6μm	持平
	6吋3.5萬片	0.5～0.35μm	

表3-3

M如德碁，華邦、力晶等，及新加入者世大、聯誠、合泰等，照常理一九九九年第一季晶圓代工應有降價壓力。但是，由於美、日大廠如摩托羅拉、IBM、日本東芝、富士通、NEC、新日鐵、三菱、日立相繼釋出產能予台灣代工業者，IDM廠的釋放產能使晶圓代工景氣在DRAM價格由十一美元跌落到五美元情況下，仍然沒有受影響，台積電、聯電第二季訂單皆已經滿載。

此外，一九九八年在ＩＣ不景氣時，台積電決定與飛利浦、新加坡政府合資十二億美元蓋一座八吋廠，地點設在新加坡，而聯電則以幾近零成本購併新日鐵（ＮＰＮＸ）的八吋晶圓廠。

雖然，台積電與聯電的投資效益要到公元二〇〇一年以後才能看出，但是這種持續擴大、保持技術領先是必要的策略，在台灣要投資ＩＣ股，也祇有這二家公司可以投資。

由於ＩＣ設計業者都沒有晶圓製造廠，它是ＩＣ的上游，設計晶片，然後交由ＩＣ廠製造，所以龐大的ＩＣ代工晶圓廠及下游封裝廠完整體系，提供ＩＣ設計業很大的發展空間。即使以美國矽谷的設計公司，也沒有台灣如此優越晶圓代工環境可爲其服務，而ＩＣ設計業設計晶片的研發能力，能否爲市場接納，是其是否有高獲利的關鍵。

4.ＩＣ設計代表威盛電子

台灣ＩＣ設計，除了鈺創以設計ＤＲＡＭ晶片爲主外，其餘大部分都是走系統晶片設計。茲先介紹下列ＩＣ設計業：

⑴瑞昱：以消費性ＩＣ爲主，佔營收比重二九・八％，電腦週邊產品佔二九・一％，

通訊網路比重最高四一・一%，一九九八年一〇MB網路晶片約出貨一千二百萬顆，一〇〇MB網路晶片約出貨三百萬顆，由於一〇〇MB已躍居主流，一九九九年能否大幅成長到一千萬顆以上，爲營收獲利是否再提升的關鍵。

瑞昱一九九八年營收約二十一億三千萬元，稅前盈利約四・五億元左右，每股稅前EPS四・〇二元。今年（一九九九年）因國內多家業者介入一〇〇MB網路晶片市場，故第二季一〇〇MB熱賣，單季稅前盈利二億八千萬元，今年增資後每股EPS五元，展望佳，股價一〇〇元以下屬於中、長期投資買點。

(2)矽統：一九九八年營收六十四億一千三百萬元，稅前盈利約十・六億元左右，營業利益約八・八億元，完全靠本業爲主。

矽統以系統晶片爲主要業務，佔營收比重約八六%，繪圖晶片佔一二%，一九九七年每股稅後EPS僅〇・九七元，主要是開發繪圖整合晶片遭逢技術上的問題無法解決，且繪圖晶片在全球各廠商經營情況最不穩定，價格容易暴起暴落。

由於英代爾逐漸蠶食繪圖晶片市場，矽統在一九九九年轉向市場龐大的一〇〇MB三合一網路晶片市場，連同威盛電子，及已上市旺宏、瑞昱、未上市上元、聯傑計有六家爭奪此一市場。

一〇〇MB網路晶片由一九九八年初每顆十二美元殺到六美元，預計一九九九年將再殺到四美元，但也可因價位大幅降低而完全取代一〇MB網路晶片。

(3)威盛：國內IC設計業中，技術能力最爲國際大廠所肯定的業者。一九九七年威盛將其產品 Apollo Vp_2/97 的核心邏輯技術授權與AMD，顯示其技術能力獲得國際大廠肯定，一九九七年營收四十三億元左右，稅後純益十億八千九百萬元，每股稅後純益十五．五五元，一九九八年股本膨脹到二十億元，稅前盈利十三億五千五百萬元，每股稅前EPS六．七七元。

威盛產品比重爲電腦系統邏輯IC佔八七．九二%，電腦週邊相關IC佔五．九三%，其他項目產品佔六．一五%。

由於網路晶片市場極爲看好，威盛有計劃擴大網路晶片市場，目前則僅生產少量的網路晶片。雖然網路晶片擁有龐大商機，但以目前行情來看，屬於薄利多銷的市場，從事網路晶片是爲了將來能夠整合到晶片組內。

此外，正在申請上市的揚智設計，也是有潛力的業者。一九九八年營收約三十億元，稅前盈利約一億元，股本七億六千萬元，每股稅前EPS僅一．三三元，主要以繪圖晶片、多媒體晶片爲重心，但這二項產品皆因市場競爭激烈且市場大幅萎縮，以致營運不如預期，一九九九年預計轉移到多功能光碟機（DVD-ROM）的晶片組之上，但效益仍待觀察。揚智屬於宏碁集團一員，宏電持有五八・九六％股權。

由於低價電腦的盛行，且台灣筆記型電腦出貨量高居全球第一位，自從英代爾跨入晶片組市場後，國內僅剩威盛、矽統、揚智三家ＩＣ設計業者。爲求生存，這三家公司遂轉向與非英代爾陣營新瑞仕、ＡＭＤ等處理器廠商合作。

在低價電腦一路從七九九美元到六九九美元再跌到四九九美元甚至三九九美元時，英代爾微處理器和晶片組售價就已經達到二百美元以上，不符合市場潮流趨勢，爲國內三家業者留下生存空間。由於威盛掌握到主流產品，營業利益率高達二五％以上，相當驚人，所以可說是其中佼佼者。

5.首家取得英代爾 Slot 1 授權，後市看好

一九九八年十二月下旬威盛取得英代爾 Slot 1 的專利授權，顯示英代爾重心重新回到微處理器，台灣晶片組市場可繼續擴大，由一九九七年三二・一％、一九九八年三六・三％，到一九九九應可佔有四〇％以上。而威盛今年亦將有多項整合晶片推出，在其一九九九年營收及獲利均占有三成以上的實力。

威盛於二月二十六日以一百二十元掛牌上市，未上市行情一百五十元左右，上市後最高漲到二五七元再拉回，一九九九年配股票股利六元，股本膨脹到三十二・四億元，今年預估稅前盈利仍有十七億元，增資後每股稅前EPS五・二五元，由此看來這IC設計業領導者，中、長期展望仍佳。若由技術面分析，除權後一二〇元附近皆屬於中、長期投資買點，由於介入CPU與英代爾對抗，若能取得一〇%市場，獲利將有百億元，股價漲至五〇〇元，超越華碩、廣達，成爲新股王，可拭目以待。

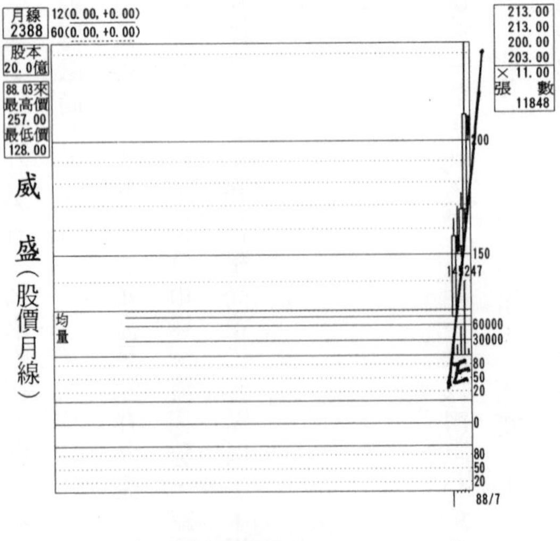

圖3—1

二、新筆記型電腦三強鼎立

1.原料上揚、產品下降、利潤率壓縮

過去二年（一九九七~九八年），國內四大專業筆記型電腦廠廣達、英業達、仁寶、華宇（宏碁因屬於綜合性大廠，不列入），除了廣達以優越研發團隊及掌握全球前五大廠主要訂單，使其營業利益率由一九九七年的一五%提高到一八・五%外，其他三大廠營業利益率平均僅在七至八・五%之間。

由於主要原料TFT－LCD，佔筆記型電腦原料成本的三〇%，自一九九八年第四季起因貨源供給短缺，價格自低檔反彈上來持續上揚到今年（一九九九年）第一季，且有供貨短缺現象，因此其價格上漲有可能持續到第二季末，使得廠商原料成本大幅上升。

全球筆記型電腦及台灣佔有率統計

1998年～2000年　　單位：萬台、%

年度	全球出貨量	台灣出貨量	台灣佔有率(%)
1998	1600	607	38
1999	2000	820	41
2000	2300	1000	43

註：資料來源MIC

表3-4

另一方面，繼低價電腦盛行（桌上型電腦在一九九九年第一季推出四九九美元甚至三九九美元的低價位）之後，低價筆記型電腦在 INTEL 與非 INTEL 的介入下也蔚爲市場主流，已有每台一千美元以下的價位。

全球四大廠如康柏、DELL、IBM、HP祇負責品牌促銷及研發，並採用BTO或量身訂做，把原料成本、庫存、財務管理的風險全部集中在代工廠的身上。

低價一定可以刺激購買慾，尤其 Mini-NB 帶動的第二台PC市場的觀念，以及大廠推動的區域，使得全球筆記型電腦出貨量如表，一九九九年可達到二千萬台，台灣廠商出貨量則高達八百二十萬台，市場佔有率四一%，而二〇〇〇年全球筆記型電腦出貨量約二千三百萬台，台灣廠商出貨量則高達一千萬台，市場佔有率四三%。

台灣前四大專業筆記型電腦公司，一九九九年出貨量即高達五百一十萬台，如果把宏碁的出貨量約二百萬台加進來，則前五大廠出貨量即高達七百一十萬台，即佔一九九九年出貨量八百二十萬台的八六．五%，證明低價筆記型電腦盛行之後，往大廠集中的現象更加明顯。而無法承接到國際四大廠訂單或者量產經濟規模不夠大的業者（華碩除外），生存空間就會愈來愈狹窄。

即使是國內四大筆記型電腦專業廠商，除了廣達因客戶群完整（國際四大品牌除康柏外，皆為其客戶）、加上很強經營團隊、研發陣容實力超強，一九九九年預估營業利益率仍可達一七％，僅較一九九九年一八・三％小幅滑落外，其他三家筆記型電腦英業達、仁寶、華宇，一九九九年在筆記型電腦的營業利益率都勢必比一九九八年滑落二％以上。所以這三家公司就有必要從其他產品線尋求，是否有高於營業利益率七～八・五％的產品，而藉由這方面的獲利來彌補筆記型電腦營業利益率降低的損失。

英業達過去在科學繪圖機、電算機、電子辭典即有維持穩定獲利，而其一九九八年第三季購併原屬迪吉多台灣大溪廠後，原迪吉後續訂單也立即承接出貨到年底，同時也與康柏進行另一個高階工作站、伺服器等研發技術合作案。故該公司一九九九年營收可達六百億，較一九九八

台灣主要筆記型電腦廠出貨及產能預估

1998～1999年　　單位：萬／月產能

廠商 / 年度	廣達	英業達	仁寶	華宇	華碩
出貨 1998年	139	75	72	70	3-4
出貨 1999年	200	100	120	90	30
1999年底 月產能	16	14	20	14	5

註：宏電屬於綜合性大廠，不列入評估。

表3-5

年的四百六十億元成長三〇%，營業利益率仍可維持在一九九八年的水準，顯示英業達一九九九年營收及本業獲利均有成長三成的實力，一九九九年稅前盈利則有六十億元實力，但第一季稅前盈利只有十．五憶元左右，與市場期望有段落差。

而另二家業者，仁寶主力產品除了筆記型電腦之外，另一項產品是LCD監視器，LCD監視器利潤率不錯。華宇則是百分百筆記型電腦專業大廠，且只承擔康柏一家客戶，市場也以個人消費者爲主。但在一九九八年底上市前夕，爆發了二位副總及一位協理跳槽到競爭對手晶磊公司，多少對其往後的形象會有影響。此外，華宇成立新公司跨入光電產業，以發光二極體（LED）爲主，持有四成股票。

2.華碩異軍突起，不容忽視

華碩在主機板的超高獲利，以一九九八年營業利益率二七%看來，同業無人能出其右，就如同廣達在筆記型電腦的霸主地位。華碩營業利益率比同業要高出一倍以上，分析其原因如下：

⑴公司經營團隊堅強，負責人皆是工程師技術人員出身，這種人祇要投注於工作，不找出問題的原由，可以說徹夜通宵也不罷休。如此凝聚的工作團隊，才是華碩持續在

本行技術領先的關鍵。

⑵公司即使掌握相當多現金，仍然兢兢業業，不搞非本業的業外收益。其二百五十億元資金，全放在保守穩健的金融機構，顯示公司當局不貪圖小利。

⑶華碩的企圖心不僅僅以現有成就為滿足，在未來二年（一九九九至二〇〇〇年）會取得突破性進展，其在筆記型電腦營收比重會有爆發性的大成長。

華碩主機板除了為HP代工外，主要就是走自有品牌的相容（Clone）市場，且有雄心創造全球第一品牌，這也是其擁有超高獲利率的主要原因。

華碩除了主機板之外，其他產品如光碟機、伺服器、繪圖卡，雖佔營收比重不大，但也居於高獲利，筆記型電腦第一年（一九九八年）由於剛推出的是高階價位，雖然頻頻獲國外市場大獎(顯示其研發能力甚強)，但也是因價位過高,落得叫好不叫座的下場。

但是，值得注意的是華碩筆記型電腦一九九八年出貨量僅三萬台左右，營收約十億元左右，居然能不賠錢。該公司認為其筆記型電腦毛利率仍有三〇％，祇是市場尚未打開。

華碩一九九八年十二月上旬推出兩款筆記型電腦All in one（全配備機型），屬於中低價機型，馬上就獲得一些通路廠商的小型代工訂單，但公司仍然謙虛的認為要慢慢起步，一步一腳印，寧可站穩了，再來坐大。

華碩把筆記型電腦訂位在與主機板同樣的發展方向，除了部分（不超過一半）走代工訂單，另一半走相容（Clone）市場。該公司認爲公元二〇〇〇年全球筆記型電腦出貨量二千三百萬台，台灣出貨量一千萬台，祇要有一〇%是Clone，就有二百三十萬台的市場，華碩要搶奪的就是這部分市場。

華碩期望公元二〇〇〇年筆記型電腦營收能有一百萬台，與主機板的四百二十億元平起平坐，所以一九九九年將是其筆記型電腦熱身的一年，估計出貨量會由一九九八年的萬台成長到三十萬台，因此後續發展潛力，不容忽視。

4. 新三強股價分析：

(1) 廣達

一九九九年配發股票股利十六．八元，增資後股本近一百一十六億元，以一九九九年稅前盈利一百零四億元，每股稅前盈利EPS八．九六元。若以本益比四十倍，除權後合理價位應在三百二十～三百元，公司企圖心強烈，前景仍佳，下半年若調高財測至EPS一〇元以上，則有上看五〇〇元。

筆記型電腦新三強稅前盈利預估

1998～1999年　　　　單位：億元

公司	1998年營收		營業利益	營業利益率(%)	稅前盈利	1999年營收		營業利益	營業利益率(%)	稅前盈利
	筆記型電腦	主機板及其他產品				筆記型電腦	主機板伺服器及其他			
廣達	519	—	99	18.3	95	675	—	120	17	104
華碩	10	342	92	27	114	100	440	125	25	140
英業達	380	82	35	7.6	44	430	170	45	7.5	60

註：(1)廣達1999年數字是以公司公告財測爲主，華碩、英業達則以公司目前營運所做推估。
(2)1998年營收億元以下四捨五入。

表3-6

(2)華碩

一九九九年僅配發股票股利四元，增資後股本一百一十四億元，以一九九九年稅前盈利一百四十億元，每股稅前盈利EPS十一．三元，比廣達的八．九六元要出色。故電子股除權後，華碩將恢復電子股股王的角色，下半年財測可能調高EPS十四元。

華碩除權後站穩三百元，本益比不到三〇倍偏低，股價應有再上漲至除權前四百元價位，若反映到四〇倍本益比，應可見五百～五百六十元。

(3)英業達

一九九九年配發股票股利三・二元，增資後股本一百一十四億元，以一九九九年預估稅前盈利六十億元，每股稅前EPS仍有五・二六元，但第一季稅前盈利並不理想。

英業達一九九九年除權後，九十元附近價位值得中、長期投資，主因在於其公元二〇〇〇年展望仍佳，公司企圖心強烈。

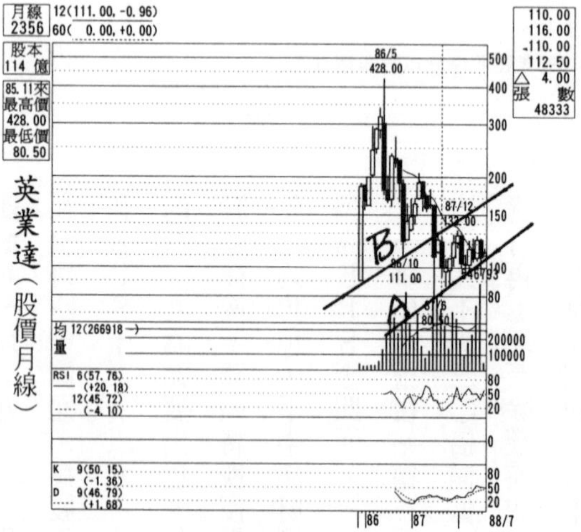

圖3—2

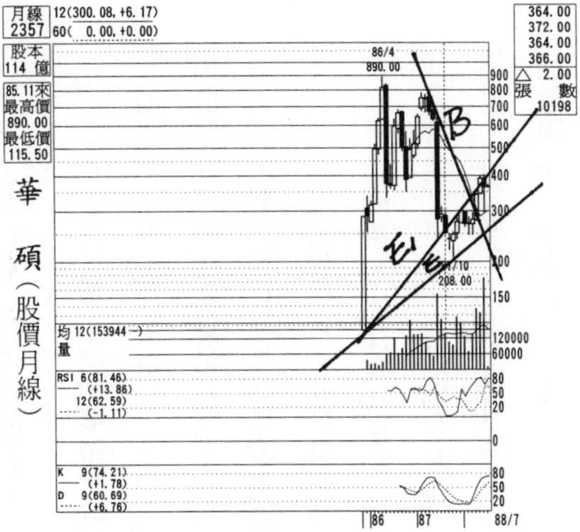
月線
2357
12(300.08,+6.17)
60(0.00,+0.00)
股本
114 億
85.11來
最高價
890.00
最低價
115.50
華碩（股價月線）
86/4
890.00
208.00
364.00
372.00
364.00
366.00
△ 2.00
張數
10198
均 12(153944)
量
RSI 6(81.46)
(+13.86)
12(62.59)
(-1.11)
K 9(74.21)
(+1.78)
D 9(60.69)
(+6.76)
86
87
88/7
B
E1
E

圖3—3

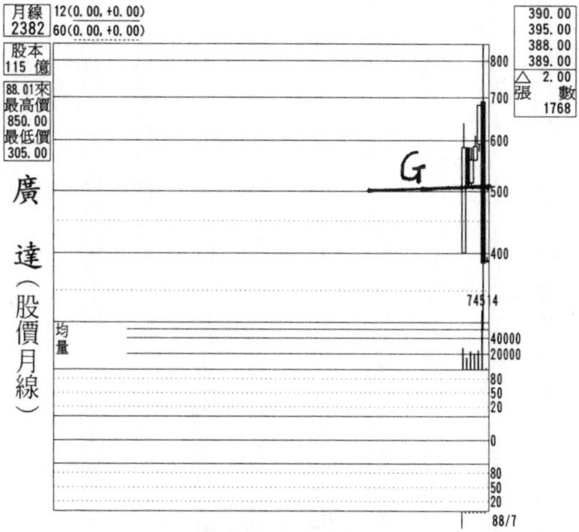
月線
2382
12(0.00,+0.00)
60(0.00,+0.00)
股本
115 億
88.01來
最高價
850.00
最低價
305.00
廣達（股價月線）
390.00
395.00
388.00
389.00
△ 2.00
張數
1768
74514
均
量
88/7
G

圖3—4

三、CD-R好景還有多久？

1.CD-ROM暴增造就CD-R好景

CD-ROM，俗稱唯讀光碟機。隨著電腦科技的技術突飛猛進，電腦內建CD-ROM成爲必要配件，另一方面，在關鍵零組件讀取頭開發完成，零組件供應充足以及技術的精進下，倍速轉換的世代交替相當快速，也促使CD-ROM全球市場規模呈現暴增。但未來DVD-ROM被視爲光碟系列產品的「終結者」。

一九九七年CD-ROM全球市場規模約六千八百萬台左右，主流產品爲二十四倍速及三十二倍速。一九九八年在DVD-ROM尚未普及化的情況下，CD-ROM倍速世代交替速度更快，而且現有廠商在DVD-ROM關鍵零組件技術尚未成熟，零組件供應不足，祇有以CD-ROM爲出貨主力，而且擔心未來DVD-ROM將取代CD-ROM的陰影下，各家CD-ROM無不卯足勁加大量產，期能先把市場通路塞飽，並爲未來DVD-ROM舖路，以致一九九八年全球CD-ROM市場規模達八千九百一十六萬台，較一九九七年的六千八百萬台，大幅成長三一・一一%，也由於量的暴增，造成CD-RO

M行情自一九九八年初起一路向下殺，到一九九八年底都未見止跌跡象。

以倍速而言，目前CD-ROM行情，一倍速已經賣不到一美元，以一九九八年底的主流產品一台四十倍速CD-ROM僅剩三十八至三十六美元，一九九九年第一季行情仍要再下滑到三十二至三十美元，且倍速交替將進入四十五～五十倍速的時代。

但是，DVD-ROM在一九九八年底關鍵零組件技術（讀取頭）已經取得重大突破，預估到一九九九年下半年起零組件供應將不成問題，且由於技術的精進，DVD-ROM也將進入世代交替加速現象。即一九九八年底主流產品爲五．六倍速DVD-ROM，到一九九九年下半年就可進入八倍速DVD-ROM時代。所以DVD-ROM的興起，將使CD-ROM倍速的進展到五十倍速CD-ROM後，結束世代交替。

我國CD-ROM生產廠商主要有源興、建碁、明碁、華碩、廣宇、英群、聯積，以技術能力來區分，屬於第一級廠商有源興、建碁、華碩、明碁。

2.DVD興起，光碟終結者

由於DVD-ROM極有可能在一九九九年下半年大放光彩，故一九九九年全球CD-ROM市場規模將首度出現衰退，可能由一九九八年的八千九百一十六萬台降到一九九九年的八千萬台，衰退幅度超過一〇%，且在公元二〇〇〇年以後將逐步減少，公元二〇〇一年預估全球DVD-ROM市場規模將達到七千萬台，比當年CD-ROM市場規模五千五百萬台要高出近三〇%。

一九九九年起日本廠商把重心轉到DVD-ROM，留下的CD-ROM市場將由台灣廠商與韓國業者爭奪日本業者留下的市場。

一九九八年全球CD-ROM市場規模八千九百一十六萬台，台灣出貨量三千六十六萬台，一九九九年CD-ROM全球市場規模將降為八千萬台，但由於日本業者退出，留下的市場空間，使台灣出貨量仍可維持在三千萬台左右。但韓國兩大業者一九九八年LG出貨量八百九十萬台，三星六百六十萬台，量產實力均不輸給台灣A級廠商。

此外，CD-ROM的興起，也提供了CD-R發揮的空間。因為CD-R是以CD-ROM來儲存資料的。由於CD-R具有可錄一次的特性，被認定為儲存官方資料的證物，故造成CD-R市場規模加速擴大。

一九九八年CD-ROM全球市場規模八千九百一十六萬台，而CD-R全球市場規模居然高達七億片，較一九九七年的一・四億片暴增了五倍。

一九九九年CD-ROM全球市場規模八千萬台，較一九九八年衰退一成，但CD-R

市場規模業者普遍樂觀認爲可達十七億片規模，二〇〇〇年則可達三十億片。

但我認爲一九九九年下半年DVD-ROM興起，必然會帶動DVD-R需求擴大，因爲DVD具有影音的功能，用DVD看影片跟到電影院的效果是一樣的。目前，美國所有DVD出租店的所有權，都是由美國八大電影製片廠商與DVD出租業經營者共同持有所有權，因爲這一大塊市場商機太過龐大，八大電影製片業者怎可能輕易放棄。所以，DVD-R需求量在公元二千年有可能將達到一億片，二〇〇一年將成長到一．四億片，成長率四〇%以上。

CD-ROM與DVD-ROM都屬於電腦內建的重要配件，當DVD-ROM價位降到普及化時，DVD-ROM也將大量取代CD-ROM。

光碟機世代交替產品表

CD-ROM

⇓

CD-RW

⇓

DVD-ROM

表3-7

以一九九八年底行情，二．六倍速DVD-ROM每台一百二十美元，五．六倍速DVD-ROM每台一百七十美元，估計一九九九年下半年DVD-ROM將世代交替到以八倍速DVD-ROM爲主。如果DVD-ROM行情能下降到一百美元，與五十倍速CD-ROM每台四十至五十美元相較，價位只差二至二．五倍時，DVD-ROM將大量取代CD-ROM市場。

如果你的電腦內建了DVD-ROM，也保有原來的CD-ROM，但是除了儲存資料還會使用CD-R(按官方資料由一九九六年起至一九九九年,三年多來大量以CD-R來保存證物,除了資料更新,三年後CD-R市場必將逐步減少）之外,在娛樂效果方面,祇會使用DVD-ROM，根本不可能去使用CD-ROM。

3.今年（一九九九年）下半年CD-R供應過剩將出現

CD-R在一九九七年日本人主導率先殺價下，由每片五美元殺到○·五美元，台灣業者趁勢大量擴廠，並且把每片生產成本降到○·五美元以下。

一九九八年CD-R在市場需求大幅成長下，由一·四億片暴增到七億片，CD-R由每片○·五美元彈升到○·七五美元，一九九八年底仍維持在每片○·七美元左右。

我個人認爲CD-R出貨量高峰必然出現在一九九九年上半年。一九九九年下半年在供應過剩情況下，有可能殺到每片○·六美元左右，業者營業利益至少少掉一五%，等於目前三○%利潤率去掉一半，到了一九九九年底CD-R每片有可能殺到○·五五美元左右，業者毛利將下降不到二○%左右。即使台灣二大業者錸德、中環把生產規模由月

台灣CD-R四大廠家月產量統計

1999年6月30日～1999年12月31日　　單位：萬片／月產量

廠商	1999.6.30月產量	1999.12.31月產量
銅德	3000	6000
中環	3000	6000
精碟	1200	2000
國碩	400	1500
合計	7600	15000

表3-10

日本CD-R主要廠家月產量統計

1999年6月30日～1999年12月31日　　單位：萬片／月產量

廠　商	1999.6.30月產量	1999.12.31月產量
太陽誘電	1800	1800
TDK	1200	1200
三菱化學 KAO	3150	3150
合　計	6150	6150

表3-11

徠產量二千萬片各提升到六千萬片，產量擴增二倍，成本每片由〇．五美元再降到〇．四五美元，但營業利益率也頂多維持一〇%左右。進入公元二〇〇〇年，即使CD-R全球市場規模有三十億片規模，但台灣業者過度投資所造成的資源浪費，將會嘗到苦果。

此一看法根據以下的分析。日本TDK一九九九年上半年CD-R月產能量由八百萬片擴增到一千八百萬片，而一九九九年六月三十日止，日本CD-R月產能量六千一百五十萬片僅比五千二百五十萬片多一七%左右，但是到一九九九年十二月三十一日止，台灣CD-R光是四大廠家（其餘小廠不算）月產能量即高達一億五千五百萬片，比日本的六千一百五十萬片要高出一・五倍以上。

一九九七年CD-R由五美元殺到〇・五美元，不到十個月跌掉九〇%，祇剩一〇%，就是由日本人主導殺盤。

即使日本CD-R廠商在一九九八年停止擴廠，到一九九八年底CD-R月產能量五千萬片，也與台灣的五千二百五十萬片相當，因爲一九九八年CD-R在台灣業者擴充產能，並配合市場下大幅擴大生產，而CD-R至一九九九年第一季長期維持在〇・七五至〇・七美元，也要拜日本人沒有爭相擴廠所致。

但是，爲了未來主導DVD-ROM及DVD-R的龐大商機，我擔心日本廠商TDK太陽誘電在一九九八年上半年大幅增加產能，是一種「商業間諜」的作戰方式，先讓台灣業者誤認爲未來CD-R仍然有龐大商機，再爭相擴廠，等台灣業者大量擴產機器設備都裝好了，日本人則大量把CD-R行情殺破〇．六美元，讓台灣業者陷入CD-R泥沼，無法自拔，而日本人則順利轉向到DVD-R去發展。

基本上，CD-R並不需要太高超技術，有錢買機器即可自動化生產，且停掉生產線要再恢復並不困難，否則日本人讓台灣業者在一九九九年大賺卻不去擴產，而是趕在終結者（DVD-R）即將大放光彩時，再去擴增CD-R動機實在令人懷疑。

4.DVD-R，錸德積極佈建

DVD-R由於牽涉到影音技術，製作上比CD-R嚴謹多了，跨入障礙則比CD-R高，目前台灣二大業者，錸德DVD-R生產線僅有二條，中環則祇有一條，但錸德已積極建廠擴增DVD-R生產線，且在一九九八年底前與全球八大片商中的米高梅、奧瑞安以及負責影音光碟片租售代理的巨圖科技，共同成立在亞洲地區的DVD營運中心。

巨圖在一九九八年底已取得美國米高梅公司一百三十七部影片授權，而由錸德負責製作DVD-R片，且仍在持續增加，相對於中環拚命在CD-R大量擴充，錸德策略要靈活多了。

5.CD-RW過渡性產品

接下來，要來談談CD-RW及DVD-Player。

CD-RW（俗稱可重覆多次光碟機、光碟片），基本上是介於CD-ROM與DVD-ROM間的過渡性產品。

我們以一九九八年全球CD-ROM市場規模八千九百十六萬台，CD-RW則祇有六百萬台，即使一九九九年CD-RW可成長到一千五百萬台，較一九九八年成長一．五倍，基本上是因DVD-ROM在一九九九年下半年即將大量推出，過渡性產品CD-RW價格被迫大幅降價，以致市場規模也跟著擴大。

CD-RW一九九八年底行情每台FOB價格一百八十美元，一九九九年上半年底降爲一百五十美元，到一九九九年底降爲一百美元，而在公元二〇〇〇年後全球市場規模維持在二千萬台左右，由於CD-RW具有可重複多次的優點比CD-ROM優異，然而DVD-ROM市場興起，也會搶食到CD-RW部分市場，一加一減下來，全球

光碟片世代交替產品表

CD-R

⇓

CD-RW

⇓

DVD-R

表3-8

市場規模停滯是頗有可能。

一九九八年CD-RW片全球市場規模僅三千萬片，僅需十五條生產線即足夠，但在台灣廠家大幅擴產下，目前台灣及日本加起來共有五十五條生產線，年產能量超過一億片以上，造成CD-RW片由一九九八年初每片八美元殺到年底僅剩二美元，且持續看跌。

未來DVD-R片的興起，將使得CD-RW在二〇〇〇年後的全球市場成長不易，何況，目前日本及台灣CD-RW年產能量即高達一億片，已經把未來的需求先填飽了，CD-RW若跌破每片二美元到一．五美元，也會擠壓到CD-R生存空間，CD-R就要被迫降價。

全球光碟系列產品市場規模

1998年～2001年　　單位：萬台／年，萬片／年

年度	CD-ROM (台)	CD-R (片)	可重複多次光碟機 CD-RW (台)	可重複多次光碟片 CD-RW (片)	DVD-ROM (台)	DVD-R (片)
1998	8916	70000	600	3000	—	—
1999	8000	170000	1500	6000	1500	—
2000	7000	300000	2000	8000	5000	10000
2001	5500	300000	2000	10000	7500	14000

註：2001年DVD-ROM將首度超過CD-ROM成爲市場主流。

資料來源：MIC ITIS計劃，1998年12月。

表3-9

DVD-Player（俗稱影音播放機），是因應中國大陸而興起。中國大陸由於國民所得低，且個人電腦尚未普及化，故多個家庭共買一台播放機來使用，以減輕負擔，VCD在中國大陸就是以這種方式興起的。

DVD-Player 目前每台價位約在四百五十至五百美元，換算人民幣大約在四千至五千人民幣之間，與VCD播放機二千人民幣仍有一倍以上的差距。

但是，DVD是高功能、高階產品，VCD是較低階產品，而隨著量產擴大，按一九九八年底大陸官方統計，全國 DVD-Player 生產線三十條實際投入生產的有二十三條，大陸將是 DVD-Player 最大的市場。

當CD-R每片跌破〇・六美元時，以及一九九九年第一季廠商接單價格每片〇・七五美元出現跌幅二〇%時，即意味CD-R供過於求的情況出現，產業有由高峯反轉之處。

四、LED明日之星！

1. 跨世紀明星產業

發光二極體（LED）是一種會發光的元件，未來可能主導照明市場革命，故被視為跨世紀明星產業，而且是不受低價電腦衝擊的行業。

LED若依光的能見度加以分類，可分為可見光LED及紅外線光LED，而紅外線光的波長在不可見光的範圍，故稱為不可見光。

在四次元超高亮度（稱為藍色）發光二極體未發明之前，LED尚未普遍應用在照明設備，大部分係用在交通號誌、車燈、普通的戶外看板等，用途還有限。

但是，在超高亮度發光二極體被發明出來之後，把藍色二極體和黃色發光二極體結合，就能產出白色發光二極體。

由於白色發光二極體被視為照明新光源，兼具省電與環保概念，因而被視為下一世紀將取代鎢絲燈泡與小銀燈管的新光源，兩者間的差異：

(1)鎢絲燈泡和小銀燈管在發光過程，將大部分的電能轉換成幅射熱，因此發光效能不高，其所產生的幅熱，在亞熱帶地區更增加空調系統的負擔。小銀燈管的發光效能雖優於鎢絲燈，但燈管內壁所塗抹的小銀，在燈管被丟棄時會造成環境污染。

(2)白色發光二極體是一種半導體元件，由電轉換為光的效率高，耗電量少，且本身是一種極小的光源，所以可配合各種應用設備的小型化。

(3)白色發光二極體燈泡的壽命比一般傳統燈泡要高出五十到一百倍，二極體本身耗費的電量約是一般燈泡的三分之一到五分之一。

由上可知，發光二極體比傳統燈泡具有相當的優越性，且是兼具省電和環保概念的新照明光源。

全球發光二極體(LED)市場與預測

1997～2000年　　單位：百萬美元

年度	可見光發光二極體(A)		紅外線發光二極體(B)		發光二極體(C)	
	市場值	成長率(%)	市場值	成長率(%)	市場值	成長率(%)
1997	1456	4.3	1036	3.81	2492	4.09
1998	1547	6.25	1086	4.83	2633	5.66
1999	1657	7.11	1137	4.7	2794	6.11
2000	1822	10.0	1216	7.0	3038	8.73

註：A＋B＝C，資料來源：ITIS

表3-12

2.國聯世界前三大超高亮度LED大廠

藍色發光二極體（LED），我國工研院光電所於一九九三年成功地將磊晶技術移轉國聯光電，而後又分別於一九九五、九六、九七年移轉更成熟的磊晶技術給漢光、光寶、晶元等公司。

國聯光電由於在MOCVD技術上有相當的經驗累積，也因此該公司能夠克服超高亮度發光二極體晶粒量產過程中相關的技術及良率的瓶頸，而與HP、日本東芝並列為全世界有能力量產的三大公司。

國聯超高亮度LED一九九九年元月起晶粒月產量八千萬顆，較一九九八年底的四千萬顆成長一倍，且已決定投資六億七千萬元，預計於二〇〇〇年完成建廠，二〇〇〇年第二季量產，規劃月產能爲超高亮度LED三億顆，爲目前產能的四倍。

由於超高亮度LED逐漸取代傳統LED，即使未來供應量擴大，產品價格縱有向下滑落二～三成之虞，但隨著量產能力的擴大，獲利仍然會呈現高成長。

LED上游除了國聯外，尚有未上市的晶元及光寶，但後二者量不大，且光寶以自用爲主。

由上游超高亮度二極體再切割成更小的晶粒，這種過程與IC製程的轉換是同樣的道理，或者利用光電原理把它使用於使用在光耦合器、感測之件或紅外線無線傳輸模組上，這類製程統稱爲中游。

光磊是我國LED中游晶粒第一大廠，光寶則屬第二，另有鼎元光電也屬LED中游，但量還不夠大。

LED下游計分二種：一種是將晶粒直接封裝；另一種則利用感測元件，無線傳輸模組，發展出一系列產品，如紅光雷射、紅外線無線傳輸產品、SMT表面黏著劑。

前者因技術成熟，也不需要太高超技術，故營業利益率僅八%，稱爲低階產品，後者則被廣泛使用在交通號誌、看板、第三煞車燈、汽車儀表板及車內照明如左右尾燈、車邊標識燈等，由於需使用到較高的技術及研發能力，故營業利益率可達一五%，與中游相當。

由於中國大陸自一九九九年起強制上高速公路的車輛要裝霧燈及第三煞車燈的規定，使得紅光雷射及汽車用的表面黏著劑需求大爲看好。

按中國大陸每年汽車成長率一三・二%，而且根據統計到公元二〇〇〇年時，全世界每年生產的汽車有四%，也就是二百萬輛採用LED爲光源。以一部汽車需使用一千個高亮度ＬＥＤ計算，則每年約需要二億顆高亮度ＬＥＤ，大約可爲ＬＥＤ業者帶來六十億元新台幣的產值，且隨著發光二極體取代傳統燈泡愈來愈形成共識，這個產值祇會逐年大幅成長。

至於ＬＥＤ的歸類，由上游高亮度二極體（晶粒），經由中游但祇經過切割過程爲更微小的晶粒，再直接由下游封裝，這整段流程稱之爲可見光發光二極體；而在上游超高亮度ＬＥＤ晶粒製造完成，交予中游感測元件、光藕合器、紅外線無線傳輸模組，再交由下游製造成紅外線紅光雷射、紅外線無線傳輸、汽車表面黏著劑，這整段流程則稱之爲紅外線發光二極體。

由表3-12，顯示出全球發光二極體（ＬＥＤ）每年呈現穩定成長趨勢，尤其我國業者上、中、下游整合良好，各司其責，都有生存空間。以最低階的下游封裝來看，億光公司下游封裝比重佔營收的七五％，但近二年（一九九七至九八年）平均營業利益率仍可維持八％左右，已經不輸給筆記型電腦業者英業達、仁寶、華宇，更較低價電腦下的週邊如掃描器、監視器以及系統組裝的營業利益率僅二％～四％要高出一倍以上。

一九九八年下半年來受景氣不佳，中、下游ＬＥＤ因供量過剩，至一九九八年底價格已向下滑落一五～二〇％。

3.國聯光電具長期投資價值

全球僅四家大廠供應高亮度晶粒，屬於寡佔市場，故廠商擁有較大的價格決定能力。以國聯光電月產能八千萬顆爲最大，其次HP六千萬顆，東芝二千五百萬顆，晶元五百萬顆。目前全球高亮度LED每月產量不到二億顆，但傳統型LED產量約四、五十億顆。

LED市場成長方面，以戶外使用的成長性較高，包括車用燈具、交通號誌、通訊設備及大型戶外看板，由於戶外使用，高亮度LED較傳統型LED有其優勢，故未來高亮度LED成長的潛在機會較大。

在高亮度積極取代傳統型LED產業趨勢下，傳統型LED晶粒之價格正面臨極大衝擊，每顆晶粒至一九九九年第一季祇有〇・一六五美元，預估至年底可能降至每顆〇・一四五美元，已經接近成本邊緣，故中下游業者如光磊、鼎元、億光、光寶今年（一九九九年）前景並不看好。

國聯光電一九九八年營收十一億五千九百萬元，稅後純益四億七千五百萬元，每股稅後純益四・〇九元，今年（一九九九年）配發股票股利四・八元，股本由一九九八年的十一億六千萬元增加到十七億六千九百萬元，以今年估稅前純益六億元，每股稅前純益仍有三・四元。

一九九八年初國聯月產晶粒四千萬顆，到一九九八年底已經擴產到月產晶粒八千萬顆，若扣除跌價因素，評估其一九九九年營收將較一九九八年成長三五％。

此外，國聯有下列二項中長期利多：

(a)積極跨入中游雷射二極體產品的比重。雷射二極體爲DVD光學讀取頭中重要的關鍵零組件，且DVD在一九九九年下半年起將取代CD-ROM，而於二〇〇〇年成爲市場主流，未來商機龐大。

(b)二〇〇〇年第二季南科新廠完成，月產能三億顆，是目前產能的四倍，業績將進入另一個高峰期。

4.國聯光電股價分析：

承銷價八十元上櫃後，最高漲到一一六元，若以今年（一九九九年）配股票股利四・八元者，除權後每股EPS仍有三・四元，因明年國內超高亮度LED供應量高達八十億顆，比市場需求多四倍，但因國聯掌握關鍵技術，將無損於其業界龍頭地位。當然股價若要大漲，則須將不利因素排除，才可為，中、長期買點向下移至五十元附近。

五、率先投產TFT-LCD有前景嗎？

1.TN、STN領域分析

液晶顯示器（LCD）又可分為TN、STN、TFT三種，其中TFT因具有可規視範圍較廣，色彩解析度較佳的優點，十二吋以上的大尺吋TFT

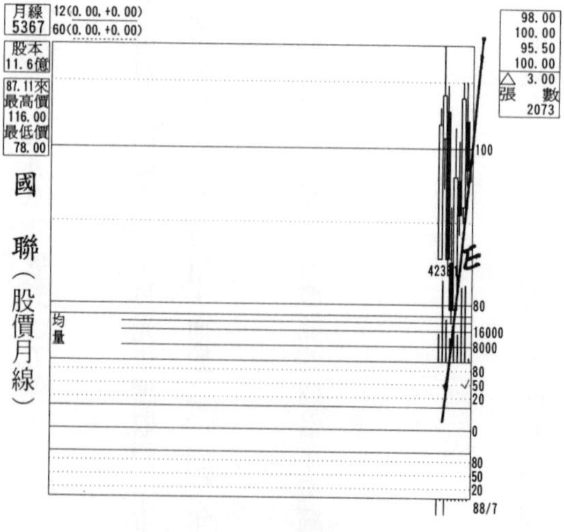

圖3—5

國內三家TN、STN營運預測

1998～1999年　　　　單位：百萬元

廠商	1998年營　收	1998年稅前盈利(A)	1999年營　收	1999年稅前盈利(B)	1999年稅前盈利成長率$\frac{B-A}{A}$%
勝華	2522	549	3721	770	40.2
碧悠	4033	600	6050	1000	66.6
光聯	1035	243	1400	280	15.2

表3-13

型成爲筆記型電腦上的主流，由於我國在一九九八年前並不具備擁有大尺吋TFT的面板生產技術，故一直沒有太大發揮空間，祇能朝向中小型TN、STN發展。

中小型TN、STN主要應用在PDA、掌上型電腦、家電遙控器、行動電話、遊戲機、計算機、手錶、Pager、PHS/DECT等，主要生產廠家有碧悠、勝華、光聯三家，初期都以生產TN-LCD爲主。而日、韓專攻STN及TFT-LCD市場，TN僅是做內部的使用，因此也給我國業者留下生存空間。

TN-LCD在一九九〇至九八年間，每年約以六%年平均成長率發展，給國內業者碧悠、勝華、光聯提供很好的穩定發展環境。

不過，近年中國大陸挾著低廉人工成本，積極發展TN-LCD，且已經在一九九八年底前粗具規模。雖然其生產主要提供在大陸設廠的全球四大行動電話廠易利信、諾基亞、西門子、摩托羅拉使用，但對我國TN業者的潛在威脅已經出現。

由於日、韓LCD業者近年已經全部把重心放在發展大尺吋TFT身上，僅次於TFT的彩色STN在日、韓放棄下，遂變成我國TN業者跨入的重心，而且也可拉開與中國大陸發展TN型技術上的優勢，進一步確保國內業者的生存空間。

國內三家TN、STN業者勝華、碧悠、光聯，以碧悠進入TN時間最久，發展技術最成熟，其旗下彩色STN可望在一九九九年元月生產，成爲國內第一條生產線。

勝華則具備生產TN上游原料導電玻璃（ITO），目前已經有二條生產線，可生產尺寸350mm×300mm的導電玻璃，滿載產能爲每月一百二十萬片，目前產能爲每月一百萬片，良率達九八%。另外，勝華也自行拋光供STN使用的玻璃基板。上述二項動作，使該公司生產的TN、STN總成本降低一〇%左右，故獲利率一直居高不下，成爲績效最好的業者。

國內三家業者碧悠、勝華、光聯都有從事利潤較高的液晶顯示器模組專業（LCM），其中勝華跨入時間最早，從一九九六年營收八千萬元、一九九七年二億元到一九九八年

勝華科技股份有限公司預計損益表

1999年　　　　　　　　　　　　　　　　　　　　　　單位：新台幣仟元

項　　目	預測數		比較性歷史資訊
	1999	1998	1997
銷貨收入淨額	3,721,000	2,953,366	2,270,578
營業成本	2,251,586	1,856,526	1,488,630
營業毛利	1,469,414	1,096,840	781,948
營業費用	535,223	414,423	291,130
營業淨利	934,191	682,417	490,818
營業外收入	6,015	25,917	57,550
營業外費用	170,008	158,570	115,357
利息費用	90,008	110,540	46,145
其他營業外費用	80,000	48,030	69,212
稅前利益	770,198	549,764	433,011
所得稅	115,500	110,000	94,000
純益	654,698	439,764	339,011
每股盈餘(元)	4.08	4.17	6.12

表3-14

七億元，估計今年（一九九九年）其ＬＣＭ營收可高估十七億元以上，較去年淨成長一・四倍，是該公司每年獲利大幅成長的主要原因；另二家業者碧悠、光聯，目前ＬＣＭ業務僅在發展初期，年營收額僅五～六千萬元，仍處於損益平衡階段，對獲利貢獻不大。而且光聯一直定位在ＴＮ系列發展，預估進入彩色ＳＴＮ最快時間也要在一九九九年第四季以後。

就碧悠與勝華兩家業者股本分析，碧悠一九九八年底股本四十八・六八億元，稅前盈利六億元，每股稅前EPS一・二元，一九九九年配發一元股票股利後，一九九九年底股本五十四億元，以一九九九年稅前盈利十億元，每股稅前EPS一・八六元。

勝華一九九八年底股本十・五五億元，稅前盈利五・四九億元，每股稅前EPS五・二元，一九九九年稅前盈利七・七億元，以一九九九年底股本十六・三億元，每股稅前EPS仍高達四・七二元。

由上述兩家公司比較，勝華兼具績優中小型成長股，未來股價較具表現空間。尤其，勝華掌握TN、STN生產原料導電玻璃關鍵技術，生產成本可降低一〇%，且掌控大部分LCM市場，較易抵抗來自中國大陸TN廠的威脅。而且即使其一九九九年股本大幅膨脹後，每股稅前EPS四・七二元，稅後EPS也仍有四・〇八元。

的確，依表3-14勝華所公告的一九九九年財務預測，該公司是一家值得投資的公司。但是，一九九八年其實際營收僅二十五億二千二百萬元，較財測的二十九億五千三百萬元衰退一七%，對一家新上市公司，剛開始宣布的一九九八年財測就已經無法達成，那麼一九九九年財測的可信度，就會讓人質疑。

此外，人民幣一旦貶值，中國大陸的TN、STN將更具競爭力，對國產碧悠、光聯、勝華更爲不利。而自產原料導電玻璃在面臨奇美電子及錸德科技的競爭下，降低成本的優勢也受到威脅。或許，TN、STN在台灣是種過渡性產品，未來發展空間不大，而大呎吋TFT-LCD興起之後，市場注意力也將轉移。

如果上述的推測無誤，則碧悠、光聯、勝華或許在今年還有不錯的獲利，但是，長期的遠景是看淡的，中、長期投資要多加考慮。

2.TFT-LCD與IC差異大

談完TN、STN，接下來談TFT-LCD。TFT-LCD與IC最大的不同在於以下幾點：

(1)TFT-LCD是東方人的產物，且生產的技術障碍頗高，一座TFT-LCD廠就分爲前後段製程，任何一個環節有出錯，就會前功盡棄，所以每一代製程的轉換，時間上都相當緩慢，尤其在投產之後，並不保證就可順利進入全能量產的階段，學習曲線頗長，例如韓國由第二・五代順利跨入第三・五代就花了整整三年半時間。也因此TFT-LCD發展到現在，全球僅有二十九條生產線，而且最先進的第三・五代祇有二條，

日韓TFT-LCD廠商設備投資統計

國別	類別	1995年	1996年	1997年	1998年	1999年
日本廠商	投資金額(億日圓)	2236	1229	1965	1180	1340
	成長率	—	−46%	60%	−40%	13.6%
韓國廠商	投資金額(百萬美元)	200	750	2210	100	100
	成長率	—	275%	195%	−95%	—

表3-15

即日本日立及韓國三星各擁有一條，連第一代的五條及第二代十條都還在繼續生產，並沒有被淘汰掉，祇是無法生產十二・一吋以上的大面板。

(2)IC則不一樣，同樣一座八吋晶圓廠，由〇・三五微米製程轉換到〇・二五微米製程，生產量就差距一倍以上，生產成本更是懸殊。以六四MDRAM為例，用〇・三五微米製程生產，每顆單位成本要十美元，以目前行情五美元來看，當然是白做工，賠錢賣，但是若使用〇・二五微米製程，則每顆成本可降到七至七・五美元，減少虧損。

所以，IC製程轉換快速，像美國美光及韓國三星，用八吋晶圓廠快速切入〇・二一微米製程甚至〇・一八微米製程，台灣八吋晶圓廠雖順利跨入〇・二五微米製程但與美、韓比起來競爭力仍嫌弱，就如同賽跑一樣，對手已經把我們甩開一千公尺以外，除了加速製程演進，怎能追得回來呢？

當然，IC每一製程的轉換，由○．三五微米至○．二五微米至○．二一微米甚至○．一八微米，都要投入相當龐大的金額採購設備，就好像「無底洞」一樣，祇有持續不斷砸錢下去，才能保持製程的領先，否則就被市場淘汰掉。

(3)市場對象不一樣。IC的市場都需要銷到美日，否則台灣祇要一座八吋晶圓廠就足夠滿足市場需求，所以業者須透過技術支援的母公司把部分產品回銷到日本，或者透過母公司轉銷到歐美歐市場。

TFT-LCD則不一樣，TFT-LCD最大市場是使用在筆記型電腦及監視器，而這兩項產品，台灣是全世界最大生產王國，市場就在自己國內，且TFT-LCD是筆記型電腦及監視器最重要零組件，佔總生產成本三成左右，因此就近供應原材料、技

全球TFT-LCD生產線統計

1998年底

世　代	規格(mm)	數量(條)
第1代	300×400	5
第2代	370×470	10
第2.5代	400×500	4
第3代	550×650	8
第3.5代	600×720	2

註：第3.5代2條生產線爲南韓三星及日本日立各擁有1條。

表3-16

術支援、售後服務以及迅速供貨，都是台灣LCD廠商比日、韓大廠的競爭具優勢之處，加上台灣廠商的具彈性、速度等特質，將會成爲全球LCD產業的主流。

(4)TFT-LCD與IC最大特性不同點，在於IC每一製程世代交替，產量起碼暴增五成，甚至一倍以上，而TFT-LCD每一世代的更新，祇是使面板品質更好（即視線範圍更廣），但是產能不僅不會增加，反而有可能減少。

舉例而言，現在筆記型電腦使用的大尺吋TFT-LCD面板，以往爲十二·一吋，目前已經移往十三·三吋，但是第三代（55cm×65cm）玻璃基板可切割前者片數爲六片，後者爲四片，以致產能不僅沒有增加，反而大幅縮小。

3.TFT-LCD投資再現高潮

由表3-15中可以發現，由一九九六至九七年這兩年，韓國TFT-LCD設備投資額連續二年以二倍速度高成長，而日本廠商於一九九七年設備投資額則大幅成長六〇%。但是，自一九九七年下半年起的亞洲金融風暴，韓國本身受重創，一九九八年設備投資額大幅衰減九五%，日本則在一九九八年上半年LCD面板行情不斷下降下，一九九八年設備投資額也大幅下降四〇%。

全球TFT-LCD增加生產線統計

公元2000年

世代	規格(㎜)	數量(條)	廠　　商
第3代	550×670	2	日本夏普、松下、恩益禧、富士通、Hosiden、韓國三星(LG)等六家各1條
第3.5代	600×720	1	
第3.5代	650×830	2	
第3.5代	660×870	1	
第3代	550×650	2	華映、翰宇彩晶
第3.5代	600×720	4	達碁、奇晶、聯友、元太

註：1999年台灣LCD全球佔有率2%，2000年將大幅提高爲16%。

表3-17

再來談TFT-LCD行情走勢，一九九六年上半年前全球大尺吋TFT-LCD面板一直處於供應不足的情況，但由於日本及韓國大廠於一九九六年及一九九七年第三季起陸續開出，以致大尺吋TFT-LCD面板行情，由一九九七年下半年起開始下滑。

一九九八年初到一九九八年九月底，TFT-LCD大尺吋面板行情大約跌掉二分之一，但第四季在供貨趨緊情況下，行情由低點反彈上來，又回復到一九九八年初價位的三分之二至四分之三，且已有一○%以上的毛利空間。

舉例而言，十二·一吋面板由一九九八年初四百美元殺到九月底二百美元，但到十二月底漲到二百六十美元，一九九九年第一季行情將漲到三百美元。

以目前筆記型電腦使用最大宗的十三．三吋面板，由一九九八年初六百美元殺到九月底三百美元，到十二月底已經漲到三百八十美元，且一九九九年第一季又將再漲五十美元，使得十三．三吋面板每片報價不僅突破四百美元，且高達四百三十美元。此外在市場供貨趨緊下，第二季價格再調漲二成，TFT-LCD業者都已獲利不少。

尤其，一九九九年韓國投資重心明顯在IC製程，如果對TFT-LCD沒有再擴大投資，已經有人樂觀估計，TFT-LCD有可能缺貨到二〇〇〇年上半年才會獲得改善，這對我國初期投入量產的中華映管及達碁相當有利。

TFT-LCD，在一九九八年第三季末（九月底）行情最低時，每片面板虧損約一〇%，亦即生產成本日、韓差距不大，故一減產或者需求拉升上來，即快速突破損益平衡點，又回復到賺錢狀態，是相當穩定產品，比IC要好的太多。

不過到公元二〇〇〇年底前，日、韓有六座第三．五代TFT-LCD，台灣有二座第三代及四座第三．五代TFT-LCD，共有十二座新廠要開工。因此，有很多人認爲公元二〇〇〇年第三季會發生供過於求的情況，屆時TFT-LCD面板行情恐將大幅滑落。

4.汰舊換新，新廠投入應有利基

但是，以目前全球二十九座TFT-LCD廠中，仍有第一代的五座及第二代十座，公元二〇〇〇年底之前二座第三代新廠及十座第三・五代新廠共十二座新廠開出後，將可以適度淘汰掉已經過時老舊沒有競爭力的第一代及第二代共十五座舊廠。整體來看即使到二〇〇〇年第三季TFT-LCD十二座新廠全開出來，整體產能並不致像市場所形容的那麼嚴重過剩，或許祇是稍為供過於求多一點。

根據IBM一份研究報告顯示，TFT-LCD其實至公元二〇〇三年都會處於供不應求狀態，而且確認TFT-LCD將取代半導體成為跨世紀明星產業。

5.大同、明電投資效益出現

自一九九八年底至一九九九年第三季，大尺吋TFT-LCD面板一直處於供不應求的狀態，主要就是筆記型電腦成長快速，廠商以優先供應筆記型電腦為主，對於LCD監視器的需求，最多祇能滿足五成左右。

因此，一九九九年五月及七月國內率先投產的二家業者，使用三菱第三代製程的中華映管及IBM第三．五代製程的達碁，有可能一生產，在行情正好的情況下就開始賺錢，對於華映母公司大同及達碁母公司明碁也會產生推波助瀾的作用。

由於LCD監視器在TFT-LCD一直供應不足的情況下，行情始終掉不下來，預期二〇〇〇年第三季起十二座大尺吋TFT-LCD新廠開工，可大量供應LCD監視器所使用的TFT-LCD，並加速五百美元LCD監視器時代的來臨。

中華映管所投資生產的第三代TFT-LCD，採用日本三菱製程，一九九九年五月量產，爲供應監視器爲主的十五吋TFT-LCD，月產三萬片，其中三〇%回銷日本。

由於華映是全球最大映像管生產廠家，其下游客戶就是監視器，所以生產監視器使用十五吋TFT-LCD，可以收駕輕就熟的效果，且十五吋TFT-LCD是市場需求量最大的。另外，中華映管生產的十七吋映像管，自一九九九年第二季月產能提高到八十五萬丈，全年十七吋映像管出貨目標可挑戰九百萬至一千萬支，繼十四吋、十五吋之後將成爲全球最大的十七吋映像管廠商。

中華映管一九九九年一～二月稅前盈利九億元，預估全年可賺八十億元，加上TFT-LCD五月份正式投產，在TFT-LCD行情大好之際，有機會一開始就賺錢。

大同這二年積極整合三C領域，且綜合持有中華映管七〇%股權，在中華映管業積由谷底翻升時，大同受益最大。

國內TFT-LCD六家廠商完工量產時間表

廠　商	完工量產時間
中華映管	1999年5月
達碁科技	1999年7月
奇晶光電	2000年元月，可能提前到1999年第4季
瀚宇彩晶	2000年第3季
聯友光電	2000年第4季
元太科技	1999年第3季(目前進度修改電路設計)

註：元太科技是在既有小尺吋TFT-LCD廠房之下擴建，與現有廠商談技術移轉，沒有增蓋新廠，未來在大尺吋TFT-LCD量上不大。

表3-18

達碁所投資生產的TFT-LCD是採用第三‧五代，由技術合作夥伴IBM全力支持，總投資金額一百九十五億元，一九九九年七月量產十三‧三吋TFT-LCD。達碁所生產的TFT-LCD有四成產能供應集團筆記型電腦及LCD監視器所需LCD，其餘六至七成產量供應全球市場。

宏碁集團在達碁持股有五七%，其中以明碁持股最多，持股比率四七‧六四%，直接受惠最大。明碁以生產監視器、CD-ROM，CD-RW，前三者都是我國最大生產廠商。去年（一九九八年）在監視器、CD-ROM持續跌價下，明碁一九九八年營收三百三十七．二九億，營業利益僅八．一七億元，靠著處分轉投資台灣大哥大持股，業外收益七．六一億元，稅後純益十四．五一億元，每股稅後EPS二．二元。

一九九九年七月達碁TFT-LCD順利生產之後，將可使明碁順利跨入LCD監視器領域，率先掌握市場先機，且明碁所生產的CD-RW、CD-ROM都還是處於獲利狀態，而且是行業的領導者，未來能否順利跨入DVD-ROM則是觀察重心。

此外，明碁自一九九八年十二月下旬推出行動電話手機，還一口氣推出五款，包括一千八百兆赫中文顯示手機三款、九百兆赫二款，且已取得東榮電信為主的行動電話公司訂單，若一九九九年能出貨一百萬台，手機業務就可擺脫虧損，未來爭取代工訂單就甚為有利。

在國內監視器方面，CD-ROM業者明碁屬於較優秀者，未來在達碁順利轉入TFT-LCD下，預期可為明碁帶來可觀的投資收益挹注，可視為中長期潛力投資重心股之一。

TFT-LCD預估至二〇〇〇年台灣六家業者產能開出之後，供不應求的情況才會改善。所以，率先投產的中華映管及達碁掌握先天上的優勢，自然被看好。

6.大同、明電股價分析

(1)大同

股價自一九九四年八月八十六元反轉進入長空以來，至一九九八年九月十八・四元止跌，強力反彈至四十五元。

華映一九九九年若獲利八十億元，大同可認列收益五十六億元，對目前股本三百三十四億元，每股貢獻度ＥＰＳ一・六七元，如果本業出現轉機，今年每股ＥＰＳ二元應該沒有問題。

技術面，A線支撐約位於三十五元附近，四十五元突破站穩，上檔較大壓力在六十元，跌破月線，支撐下移至三十元附近，會是三十五元上下五元箱

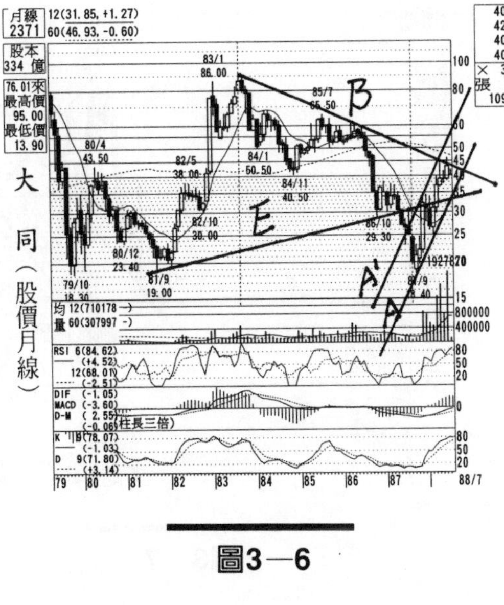

圖3—6

形。

(2)明碁

一九九九年配發股票股利一．五元，增資後股本七十六億元，以今年預估稅後盈利二十億元，每股稅後EPS二．六三元，中、長期展望甚佳。

由於預期達碁在明年(二〇〇〇年)可帶來龐大轉投資收益，故今年（一九九九年）除權後，六〇元附近是中、長期投資買點，中、長期應可突破九十五元再創新高。

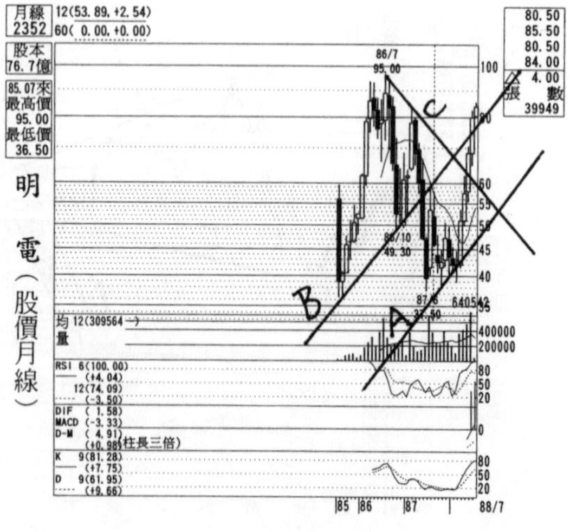

圖3—7

六、上網三百五十萬人，誰是贏家？

1.網路業概況

「上網」就是進入網路，目前個人電腦可說是獨立的工作站，若要使不同的電腦能夠互相作資料的溝通或共同作業，就需要借助網路。

網路系統又可分為區域網路及網際網路。所謂區域網路，是指一特定區域內如企業內、工廠內及校園內，將多部電腦或主機連結而成的電腦網路。至於網際網路，則是跨越不同的區域網路，作資料傳輸及溝通。

網路卡及數據機可說是最基本的網路設備，每台電腦都需要一套，而為方便各廠牌數據機的互通，因此就由ITU-T制定通信標準，如最新型的五十六K數據機以V.90為通信標準，凡是使用相同通信標準設計出來的數據機，任何廠牌都可互通資料。

除了網路卡及數據機這兩項基本配備外，其他較重要的網路設備還有集線器和交換器。集線器主要功能是連接各電腦，並收或發電腦之間的訊息，但祇能具備其中一種功能，因此個人電腦、網路卡、數據機及集線器就可構成一個基本的電腦網路，而集線器的功能就是負責各電腦之間訊息的傳送。而交換器的主要功能是連接兩個或兩個以上的網路，讓屬於不同網路的電腦能相互傳送資料，但也能執行資訊過濾的功能。

由於集線器在同一時間祇能收或發，卻不具備同時收發的雙功能，交換器則具備雙功功能，可同時收發數位資料，傳輸效率高過集線器，所以祇要售價差異不是太大，交換器將快速取代集線器。

台灣網路產業產值變化及預測

1997～2000年　　單位：百萬美元

年度／產品	1997	1998	1999	2000
網路卡	341.8	333.6	330	321.5
集線器	278.8	366.6	410.3	351.7
交換器	95.1	132.5	180.5	356.4

資料來源：資策會MIC

表3-19

但是，由於低階交換器價格一直與集線器維持四倍以上的價差，在價格太過昂貴的情況下，以及雙線集線器晶片的開發完成，可加速集線器的使用功能，延長其壽命，遂使得集線器在交換器世代交替的壓力下，仍有苟延殘喘的生存空間。

此外，「頻寬」也是網路上常見的名詞。頻寬就是指某個特定頻道（傳輸頻道）能承載的最大資料流量，當頻寬越大時，同一時間內能傳輸的資料量越多。

由於五十六K數據機已是最主流的技術，再向上提升的空間已相當有限，雖有雙倍數據機的出現，但須裝置兩部數據機，並須佔用兩條電話線，不符經濟也不合效率，作業上佔據太多的空間，殊爲不便，因此不被看好。所以，若希望資料的傳輸量能有大幅度的進展，恐還須考慮其他技術，這也就是最近大衆常談起的纜線數據機及非對稱數位用戶迴路（簡稱ＡＤＳＬ）。

ＡＤＳＬ因爲可利用現有的電話線，而它的下傳（將資料送到使用者電腦上）速率可提高到一·五至九 Mbps（一 Mbps 等於一〇二四 Kbps），約爲現有五十六Ｋ數據機之二十七至一百六十五倍；上傳（由使用者送出資料）速率也有六四〇 Kbps 所以電信局是ＡＤＳＬ最大支持者。

線纜數據機則是透過有線電視的線路進行資料傳輸，而它下傳的速率最高可達三〇 Mbps，上傳的速率也有二·五 Mbps，比ＡＤＳＬ更大，但它必須使用雙向傳輸系統，則成爲發展上的最大阻力，而且價格太高亦是其缺點。不過國內有線電視業者由於發展較晚，使用的設備及技術較新，故所運用的網路技術可直接升級到雙向傳輸系統。

由於低價電腦帶來電腦普及化，ＡＤＳＬ成爲新一代數據機主流祇是早晚趨勢，現在雖然已有有線電視業者用線纜數據機，以吸收會員方式來招攬一些家裡沒有電腦的消費者來上網，但目前看來效果並不彰。

2.一〇〇Mb網路晶片取代網路卡

由於未來全球的資訊產業成長動力來自網際網路，目前全球約有八億條電話線路都有上網的需求，因此至公元二〇〇五年五十六K數據機仍是主流。

但是開發ADSL晶片已是刻不容緩之事。

ADSL數據機介面卡晶片目前售價四、五百美元，比一部電腦還貴，自然不易引起共鳴，然而ADSL比一般傳統五十六K數據機快數十倍，是解決用戶通訊頻寬不足的趨勢設備，預估售價要降到一百美元以下時，才會大量取代傳統五十六K數據機市場。

網路卡未來的商機，就在ADSL晶片確定，並且大舉進入市場之際，業者屆時再來投入與ADSL晶片搭配的網路卡，可取代目前五十六K數據機晶片搭配的網路卡市場。

在此之前，一九九八年第四季起一〇〇Mb網路晶片的興起，由於網路晶片具有提供網路的全副功能，有助於未來主機板內建網路功能，將是市場新趨勢。預估一九九九年市場佔有率將達到二〇%，多少也扼殺了網路卡成長空間。

此外，目前網路卡技術成熟，且一〇〇Mb網路晶片價格持續下滑，而台灣網路卡在全球市場佔有率大增，各家量產規模都相當大，一九九九年網路卡價格進一步下滑是確定。

一九九八年網路卡毛利仍有一〇％左右，今年在一〇〇Mb網路晶片壓制下，毛利起碼被壓縮一半，扣除管銷費用，已經幾近做白工，祇能以服務和規格來取勝。

表3-19，一九九八年台灣網路卡產值三百三十三・六億元，較一九九七年三百四十一・八億元首度衰退，並且預估今年產值在出貨量大幅成長下，將進一步衰退至三百三十億美元，顯示單價下滑頗大，預估二〇〇〇年產值僅有三百二十一・五億元，仍然呈現逐年衰退的走勢。

3.明日之星「交換器」

前面提到，交換器的售價是集線器的四倍，以及雙線集線器的推出延長了集線器的生命，使台灣集線器產值在一九九八年可達三百六十六・六億元，首度超越網路卡三百三十三・六億元，也較一九九七年的二百七十八・八億元大幅成長三一・五％。

集線器在一九九八年毛利率約三〇％，純益大約二五至二〇％左右。交換器在未完全取代集線器之前，則屬於高單價、高利潤的產品，且因交換器晶片仍未全面開發完成，價位下滑不太明顯，毛利率通常都有四〇％，純益大約則有三五至三〇％左右。

但是，隨著晶片開發技術日漸成熟，國內業者如瑞昱、威盛均已著手於交換器晶片的研發，聯電旗下的聯傑國際在購併美商NETIO後，率先取得交換器晶片的先進技術，預估今年（一九九九年）推出二埠和八埠交換器晶片。

目前，全世界有能力量產交換器晶片的祇有Levelone、Broadcom等二家公司。

此外，智邦旗下的上元科技雖在一九九八年底開發出八埠交換器整合單晶片，但僅是少量，仍無大量生產能力。

不過，可以確認的是，交換器將成爲下一個創造「龍捲風」超級成長的區域網路產品，一般預估一九九九年下半年八埠交換器晶片大量推出之後，將使得交換器與集線器的價差，由原先四倍降到二倍以下，交換器也將成爲市場主流產品。

由表3-19中，台灣交換器產值由一九九七年九十五・一億元成長到一九九八年的一百三十二・五億元，今年（一九九九年）預估一百八〇・五億元，較一九九八年大幅成長三六・二％，預估明年（二〇〇〇年）將大幅提高到三百五十六・四億元較今年提高近一倍。

反觀，台灣集線器產值雖然由一九九八年的三百六十六・六億元成長到今年（一九九九年）的四百一十・三億元，但在今年第四季交換器位居市場主流之後，明年（二〇〇〇年）集線器產值將出現負成長，由四百一〇・三億元降為三百五十一・七億元。

交換器在成為主流產品之後，必然會在產量大增下，價格急速下滑，即使毛利殺個一〇％，純益起碼也有二五至二〇％，仍不失為高獲利的產品，且藉著大量生產，交換器整體獲利會大於利潤率的降低。

4.友訊展望及股價分析

台灣兩大網路業者友訊及智邦今年（一九九九年）交換器佔營收比重二〇％，皆較去年一〇％成長一倍，如果一九九九年第四季交換器位居主流產品，明年交換器將成為業者獲利的主力，也比網路卡好的太多，故明年（二〇〇〇年）展望較今年樂觀。

台灣二大網路業者產品比重

1998～1999年　　　　單位：％

廠商	1998			1999		
	網路卡(%)	集線器(%)	交換器(%)	網路卡(%)	集線器(%)	交換器(%)
友訊	50	40	10	40	40	20
智邦	38	50	12	30	50	20

表3-20

　　今年對兩大網路業者較辛苦，上半年在交換器晶片未完成大量問世之前，網路卡價位在量產過剩下價位不斷下滑，毛利率被殺到五%以下，若只靠集線器做爲獲利主力，集線器也面臨交換器世代交替恐慌壓力下，今年上半年集線器價格必然進一步滑落，毛利率必然由三○%降到二○%，純益也將由二五至二○%降爲一五至一○%，這也就是爲何友訊一九九九年營收一百億較去年七十五億元成長三成，稅前盈利卻只有七億二千萬元。

　　但是，網路產業在跨入二十一世紀後，網路卡還是明星產業，未來ADSL晶片大幅降價，配合ADSL晶片網

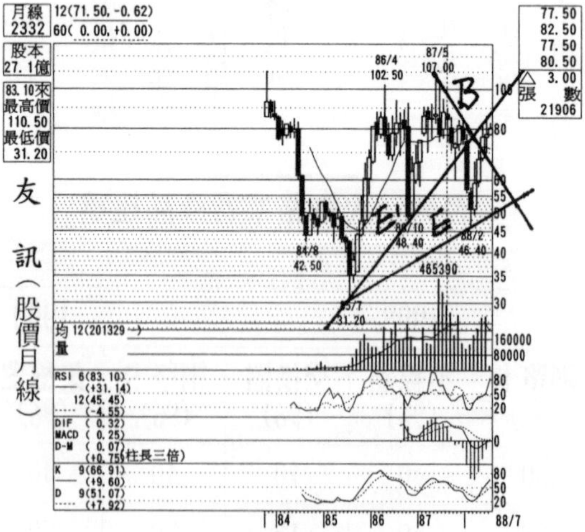

圖3—8

路卡又要世代交替取代目前五十六K數據機晶片的網路卡，又是一個龐大商機的開始。

技術面，一九九九年祇配發一元現金股利及一元股票，增資後股本三十億元，以一九九九年預估稅前盈利約七．三億元左右，每股稅前EPS約二．四元，明年（二〇〇〇年）此股展望仍佳，除權後五十五元附近值得做為中、長期投資。

5.另一種行業—線上服務公司（ISP）

網路人口激增之後，專門提供線上服務（ISP）的公司成為新興的行業，美國線上服務公司（AOL）在過去一年，一九九八年初到一九九八年底股價漲幅五五〇％，居美國所有個股漲幅前三名，可見ISP若坐大之後，將變成一本萬利行業。

一九九八年十一月底台灣上網人口已突破二百七十萬人，其中教育和學術用戶數約八十五萬餘人，工商及個人用戶數則有一百八十多萬餘人，估計今年（一九九九年）底全國上網人口可望突破三百五十萬人。

上網人口大增，提供ISP業者另一個大顯身手的機會。

目前國內ISP家數超過一百家，但眞正具規模的祇有前五大，最大的屬中華電信數據分公司經營的HINET，第二名則為數位聯合電信的SEEDNET，第三則有仲琦、廣通、協志，前五大市場佔有率就達九成以上。

其他的有線電視，如年代快捷網路推出直播衛星上網業務以來，才掌握二千多客戶，有線電視利用線纜數據機上網，如和信推出上網，招收會員也才一千三百多名訂戶。

我在前述提及電腦普及化後，利用電腦上網是普遍的方式，這個時代買不起電腦的人太少了，故我一直對直播衛星上網及有線電視上網不看好，認爲能發揮的空間相當有限。

即使思科確立以線纜數據機做爲發展台灣有線電視網路的業務，其線纜數據機也具有高頻寬、雙向傳輸等特性，思科並與數據機大廠亞旭、力宜建立線纜數據機開發合作協定，我仍然不看好有線電視業者經營上網業務的發展性。

我認爲以目前電腦的普及，有線電視業者經營網路業務頂多可搶食到目前網路人口二○%左右的市場，而

國內二大線上服務公司營運預測

1997～1999年　　單位：百萬元

公司名稱	1997	1998	1999
中華電信數據HINET	500	1000	1500
數位聯合電信SEEDNET	300	600	900

註：(1)HINET隸屬於中華電信組織
(2)數位聯合電信1998年底股本15億元

表3-21

台灣較具規模的有線電視業者，除了具財團規模的力霸、和信、TVBS，連同地區性有線電視業者起碼有數十家業者爭食不到二〇%的市場，在僧多粥少的情況下，搞到最後是大家都沒有利潤，而且很累。

國內最大民營ISP公司數位聯合電信是由資策會移轉過來，目前資本額十五億元，去年（一九九八年）十二月底統一超商以每股二十元認購六百萬股，持有股權四%，或許在未來可多加注意。

七、那家通路最值得投資？

1.五大通路廠各具特色

「通路」是一門靠經濟規模和管理 Know-How 經營、且跨入門檻相當高的行業。在沒有跨入門檻之前，業者必需忍受長期持續的虧損，如統一超商歷經七年的虧損，燦坤

3C專賣店去年（一九九八年）一年開業家數由年初十五家到年底的二十二家，一九九八年營業額二十億元，營運仍呈現小幅虧損；震旦行通訊連鎖店到一九九八年底開業家數爲二百零四家，由於走向爲社區型通訊商品的總匯，預估今年再持續擴充下，應可轉虧爲盈。

但是「通路」最大特色在於一旦跨入門檻之後，所展現的爆發力相當驚人。由統一超商一九九六至九八年年平均營收成長二成，稅前純益平均也跟著成長二成，聯強一九九六至九八年，每年平均營收維持六〇％的成長，獲利平均成長率更高達七〇％，股價長期維持在百元以上，即可得到印證。

台灣五大通路廠商特色分析如下：

(1)聯強

聯強是國內最大電子產品通路廠商，也是最大的大哥大行動電話手機銷售商。

一九九八年聯強營收三百一十一億元較一九九七年的二百三十三億五千五百萬元，成長三三％，一九九八年稅前盈利十四億五千七百萬元較一九九七年的九億三百萬元，成長六六％。

一九九九年國內經濟受企業財務危機影響，對資訊通路來說影響不可謂不大，故預估今年（一九九九年）聯強營收僅成長三成，營收約四百億元左右，稅前盈利預估有二十億元左右，則較一九九八年的十五億元，成長三三％。

聯強自有電腦組裝線效益自今年第三季展現，單月最大產能二萬二千台，過去委外代工時期每台電腦的代工成本在二百至三百元之間，自有組裝電腦工廠之後，可降低代工成本。此外旺季時，聯強每月有一萬台的電腦銷售量，除滿足自有品牌ＬＥＭＥＬ、ＭＩＴＡＣ的需求外，剩下的產能可爲ＩＢＭ（ＩＢＭ亦爲其代理銷售品牌）等國際大廠爭取代工機會。

未來中小學電腦標案、網際網路的普及、千禧年的危機，都是資訊通路業的商機，聯強其產業成長較一般電腦系統業者要來得大，也穩定的多。

大陸個人電腦每年以四○％速度成長，成長速度居全球之冠，未來發展潛力相當雄厚，因看好大陸市場前景，聯強已經於一九九八年七月購併香港雷射電腦公司，並逐漸調整營運結構與更新系統，預估今年（一九九九年）子公司營收可達一百億元，應有投資收益可挹注母公司。

如果大陸個人電腦事業順利，聯強預估明年（二○○○年）兩岸營收可達七百至八百億元，中、長期展望相當樂觀。

(2)宏科

宏科屬於宏碁集團一員，以銷售宏碁產品為主，在通路系統家數上僅是聯強的一半，且聯強代理大哥大手機是國內最大銷售商，也是宏科無法比擬的。

一九九八年宏科營收一百五十四億五千三百萬元，較一九九七年的一百一十六億二千五百萬元，成長三三%，一九九八年稅前盈利四億四千萬元，則較一九九七年的三億二千六百萬元，成長三三%。

宏科一九九八年營收約是聯強的一半，但是稅前盈利四億四千萬元卻不到聯強十五億元的三分之一，關鍵在於宏科的營業利益率僅二·八%較聯強的四·八%少了近二%，在通路業高營收額，營業利益率少一%，對獲利就有相當明顯的差距，何況是二%呢！

不過，宏科營運一向維持穩定發展，預估今年（一九九九年）營收可達一百八十五億元，較去年仍有二成成長，稅前盈利估應有五億五千萬元，較一九九八年的四億四千萬元則有二五%成長。

宏科鑑於未來網路市場的蓬勃發展，公司決定跨足網路領域，發展電子商務認證的服務與技術，未來將逐漸提高到營收比重的二成，但由於電子認證相關法令，尚未立法通過，今年尚看不出成效。

⑶震旦行

一九九八年震旦行結束震旦先進迷你筆記電腦業務，提列七千一百萬元虧損，加上處分該公司股權也產生三千萬元損失，連同其他轉投資事業損失，共計提列一億三千萬元損失。所幸，靠持股九〇%的子公司金儀出脫母公司股票而挹注三億三千萬元外快，以致一九九八年營收一百一十二億元，稅前盈利八億元，每股稅前EPS約二元，但是就其營業利益率約三%左右，營業利益僅三億三千六百萬元，獲利來自業外比重的較大。

震旦行持股八〇%的上海震旦，一九九七年虧損三百萬美元，去年（一九九八年）約虧損一百萬美元，預估今年有投資收益四千七百萬元可挹注母公司。

今年震旦行在辦公室自動化、家具事業市場佔有率由二二%提升到二六%，且通訊連鎖店家數由一九九九年初的二百零四家擴充到年底的二百八十家，故一九九九年營收預估一百三十八億三千萬元較去年（一九九八年）的一百一十二億元成長二三．四%，稅前盈利十億九千萬元較一九九八年的八億元成長三六．二%，以一九九九年配發二元股票股利後，股本膨脹到近四十八億元，每股稅前EPS仍有二．二元以上。

但是，若以震旦行營業利益率一九九八年僅三%，即使一九九九年營運績效提高，營業利益率提高到四%較一九九八年增加一%，以一九九九年營收一百三十八億三千萬元，來自營業利益約五億五千三百萬元，距稅前盈利十億九千萬元，仍有五億三千六百萬元需來自業外收益。

業外收益中除了來自視同本業的大陸上海震旦可挹注四千七百萬元投資收益外，有三億元收益須來自持股二九・三％的互盛及持股九〇・八％的金儀上櫃及上市所帶來的三億元承銷收入，剩下的二億元可能得來自短期投資收入。

由上述分析，一九九九年增資後股本膨脹到近五十億元的震旦行，如何把本業的獲利持續大幅擴大，而不需再靠業外的挹注，才是推升股價上漲的最大力量。

(4)燦坤

燦坤以小家電起家，目前所生產的烤麵包機為全世界最大、咖啡壺則名列前三大。面臨通貨緊縮的時代來臨，商品價格不斷滑落，小家電的生產與製造在國際大廠紛紛因競爭力不足而逐步關廠，全球分工和整合的趨勢已確立下，使得燦坤廈門廠的訂單更加集中。

一九九七年燦坤廈門廠挹注母公司盈餘二億一千萬元，佔當年度稅前盈利三億八千三百萬的五五％，去年（一九九八年）燦坤廈門廠更挹注母公司盈餘三億七千萬元，佔當年度稅前盈利五億三千萬元的近七〇％。而一九九九年燦坤展望如下：

⑴一九九八年底將大股東所擁有的關係企業，上海家電事業部的馬達類產品之機器設備出售給持股六二％的子公司廈門燦坤，預估今年（一九九九年）廈門燦坤營業額為二・二億到二・三億美元之間，較去年（一九九八年）的一・五五億美元，成長四成以上，約可獲利新台幣五・二五億元，對台灣母公司的投資收益貢獻約三・二七億元。

⑵三C流通事業，去年（一九九八年）營業額二十億元，營運呈現小幅虧損，今年家數由去年底的二十二家擴張到三十五家，營業額五十億元，預估獲利三億元。

由上述二項海外及國內三C事業，燦坤就可獲利六・二七億元，連同傳統家電業務，一九九九年營收可達六十五億元，稅前盈利七億二千萬元較一九九八年的五億三千萬元成長三六％。除此之外，燦坤還擬定幾項計劃：

⑴上海廠全心投入鋁合金電腦機殼的生產，以供應三C賣場。燦坤打算在公元二〇〇〇年在上海開六家三C連鎖店，惟目前執照尚未取得。

⑵公司預計今年辦理二億元現金增資，以取得林口廠土地作為鎂合金電腦機殼的生產基地，並研發主機板。

由上述分析，影響燦坤一九九九年稅前盈利七億二千萬元能否確實完成的關鍵，在於其三C賣場營收能否達到營收五十億元，獲利三億元的目標。

由於，今年國內經濟景氣受企業倒閉危機、內需不振的影響，買氣必然衰退，對剛起步的三C賣場應有一定的影響，所以對該公司如此樂觀的預測，或許有稍加保留的必要。

至於上海發展鋁合金電腦機殼及台灣發展鎂合金電腦機殼的計劃，在國內機殼大廠已經整合完成，而該公司又同時跨入不同行業，未來投資效益能否如預期，仍待評估，至少短期間一至二年內是看不到效益的。

(5)統一超商

統一超商近三年（一九九六至九八年）來每年營收平均成長率二成，稅前純益平均成長率二成，一九九六至九八年平均每股稅前EPS四・三七元，隨著開業家數的不斷擴展以及新產品推出的速度非同業所及，無愧爲國內零售業的通路霸主，其地位在五至十年內，應無業者可以追趕得上。

一九九八年統一超商營收四百一十九億七千五百萬元，稅前盈利十七億六千六百萬元，其中營業利益十四億四千萬元，營業利益率三・四三%，較一九九七年的三・一三%，一九九六年的二・八二%，呈現每年平均營業利益率成長一〇%，顯示出其經營績效卓越。

一九九八年底統一超商開業家數已經有一千九百家，預估到今年（一九九九年）六月前可達到二千家的規模，而其在降低成本採取下列措施：

(1)與日商設廠生產便當。

(2)將食品物流部門獨立，也有意將雜誌配送中心獨立成文化物流公司，以提高書籍、出版品、LDC軟體等產品的上市速度。

(3)轉投資事業逐漸開花結果。以郵購市場為主的統一型錄一九九八年已有盈餘；一九九八年初才成立的星巴克咖啡連鎖店，到一九九八年底開業家數才十家就已經出現盈餘，到一九九九年底預計開業家數擴展到二十家左右；而以「康是美」藥粧連鎖店為主的統一生活事業，到一九九八年底開業家數二十四家，雖然目前仍處於虧損，但藥品通路化也是必然趨勢，預計開業家數達到五十家就可以出現轉虧為盈。未來統一超商轉投資事業將以統一生活事業、統一型錄、星巴克咖啡連鎖店為三大重心。

此外，值得注意的是，統一超商以每股二十元，買進六百萬股數位聯合電信（SEED-NET），持有四%股權，由於數位聯合電信是國內最大民營網路線上服務業者，未來一旦上市，所獲取的投資報酬率可能高達數十倍以上。

一九九九年統一超商在開業家數增為二千家，營收應有四百八十五億元，稅前盈利應有二十億元之實力，較一九九八年的十七億六千六百萬元成長一二．六％，但較過去的二成以上成長率則有衰退之慮。

分析統一超商一九九九年稅前盈利可能無法達成過去二成以上成長率的主要原因，是開業家數達到二千家之後，有可能到達瓶頸。因為，台灣市場就這麼一點大，好的店面地點早就搶占，到最後只有找經濟效益較低的巷弄裡，如果連這些能開發的地點都開店面，統一超商最大的出路就是登陸中國大陸，才有擴大商機的機會，繼續死守台灣，成長並不容易，而轉投資事業短期間內對EPS貢獻度也不大。

2.聯強股價分析

由上述分析，台灣通路雙雄，在電子資訊及通訊業以聯強稱霸，而在零售通路則以統一超商為龍頭，尤其在本來五年內同業間無人能撼動雙雄地位，但統一超商已面臨瓶頸，而聯強則繼續成長，所以祇有聯強最具投資價值。

聯強一九九九年配股票股利三元及二億一千八百五十萬現金增資，增資後股本膨脹到三十五億元，以一九九九年預估稅前盈利二十億元，增資後每股稅前EPS五．七一元，且明年（二〇〇〇年）展望樂觀。

既然聯強是通路業最值得投資的業者，自然可享有較高本益比，除權後股價一百四十元附近，可做中、長期投資買點。

八、零組件高獲利，面臨挑戰？

1.過多產能，殺價競爭，抵銷獲利

根據資策會情報中心（MIC）統計，如表3—22，一九九八年我國機殼

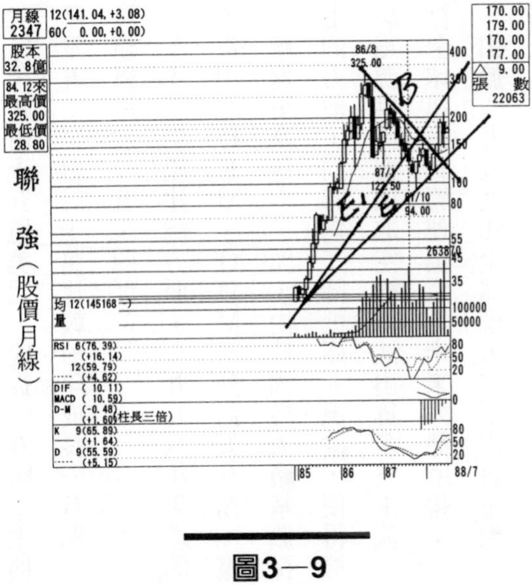

圖3—9

我國主機板、機殼、電源供應器出貨量統計及預估

1997～1999年　　　　單位：萬片、萬台、%

年度 / 產品	1997	1998(A)	1999(B)	1999成長率$(\frac{B-A}{A})$%
主機板	4500	5320	6300	18.4
機殼	5380	6200	7150	15.3
電源供應器	5020	5870	6800	15.8

資料來源：MIC

註：主機板出貨是以不包含系統形式出貨爲統計，估計含系統形式出貨，出貨量須再增加20%。

表3-22

產量爲六千二百萬台，較前年（一九九七年）成長一五%，產值十二億美元，成長一四%；電源供應器產量五千八百七十萬台較前年成長一七%，產值十五億美元，成長一五%；主機板產量五千三百二十萬片較前年成長一八%，但產值祇增加一五．四%。

在代工生產比例方面，一九九八年生產的機殼當中，OEM、ODM部分佔五八%，電源供應器更高達六三%，由於國外大廠基於採購上的方便，同時爲了降低庫存風險，使得機殼與電源供應器採取空機方式出貨蔚爲主流，進行全球運籌式管理也將是未來大勢所趨。

由於一九九九年全球個人電腦出貨量較一九九八年成長一二．八%，預估我國主機板、機殼、電源供應器今年（一九九九年）產值仍

將較去年（一九九八年）分別成長了一八・四％、一五・三％、一五・八％，零組件成長率比個人電腦成長率一二・八％要來得大。

但是，台灣的零組件廠如PCB、電源供應器、主機板、機殼由一九九八年到一九九九年所增加的產能，已經遠遠超過市場成長率，因而埋下殺價競爭、抵銷獲利的隱憂。

以PCB爲例，到今年（一九九九年）六月底之前，國內主要PCB廠商增加的多層硬板產能約爲每月三百萬平方呎，其中一半已經在一九九八年底開出，而由一九九九年下半年到公元二〇〇〇年，國內主要PCB廠每月產能將比去年底增加五百萬平方呎以上，由於PCB固定成本高，產能利用率如果低於六成，幾乎註定是賠錢的。

一九九九年初華通基於SECC卡基板將於二年後淘汰，於是介入國內通信及傳統印刷電路板市場，造成PCB四到六層板價格第一季就下跌一五％，廠商獲利馬上被壓縮。

主機板與PCB一樣，都屬於在國內大量擴產的行業，除了技嘉等少數有在大陸設廠的業者可降低成本外，各家主機板廠在國內擴廠、殺價競爭，將如同PCB一樣，導致獲利的下降。

機殼與電源供應器業者則把戰場拉到大陸，如光寶持有五一％股權的松喬，大陸廠已擴增到月產能二十萬台，連同台灣母廠十五萬台，總計三十五萬台，英誌月產能擴增到六十萬台，鴻海則提高到百萬台以上。

在電源供應器方面，一九九九年光寶東莞第三廠完工，產能約是一、二廠的總和，台達電三個廠比原來二個廠規模還大，而康舒一個廠，鴻運電一個廠，各廠加起來都已經超出市場成長率。

機殼與電源供應器雖然可利用大陸低價勞工來降低成本，但過多的產能，將導致殺價競爭，如一九九九年各業者平均毛利率均較去年（一九九八年）降低三％，即是不爭的事實。而一九九八年第四季主要零組件廠也都出現營收較第三季大幅成長，但第四季單季獲利卻較第三季大幅衰退的現象。

華通一九九八年第四季營收四十四・七一億元較第三季三十九・二六億元成長一四％，第四季稅前盈利七・七三億元則較第三季九・八八億元衰退二二％。

光寶一九九八年第四季營收三十・九七億元，第四季稅前盈利僅一・七三億元則較第三季三・八八億元衰退五五％。

台達電一九九八年第四季單季稅前盈利六・一億元較第三季八・四二億元衰退二七・五％。

鴻海一九九八年第四季單季營收一百三十二億元較第三季九十七・一九億元大幅成長三六%，但第四季單季稅前盈利估僅有十七億元較第三季十七・九九億元小幅衰退。

一九九九年韓商推出二九九美元低價桌上型電腦，而台灣一九九九年一～二月桌上型電腦平均出貨價格僅四一五美元，顯示低價電腦持續走低，對零組件走代工（OEM）路線的廠商逐漸侵蝕到獲利，一九九九年可能出現營收成長有限，獲利大幅衰退的情況。

2.零組件業者第二春在大陸

一九九八年第二季美商康柏投資大陸和光，並由大陸和光組裝桌上型個人電腦就近供應大陸市場，顯示利用低價勞工打入大陸市場已成爲趨勢。

一九九八年大陸個人電腦市場仍然較一九九七年有三〇%的成長率，一九九八年市場規模三百五十萬台，預估今年（一九九九年）保守預估也有四五%成長率，市場規模將擴充爲五百一十萬台。

更值得注意的是大陸地區的第一品牌大陸聯想集團，其在大陸市場高度佔有率，使其在亞太市場的排名在一九九八年底已經位居第三，僅次於康柏、ＩＢＭ，且已擠下原居第三的ＨＰ。

聯想集團在大陸市場佔有率，據了解高達近五〇％，若仔細分析可歸納出下列幾點原因：

⑴中國人特有的民族主義觀念。

⑵組裝業者技術日趨成熟。

⑶通路優勢。

如果以大陸個人電腦成長速度，公元二〇〇一年的市場規模起碼有八百六十萬台，（以每年平均三〇％成長率預估）。尤其，網際網路才在大陸興起，一九九八年底大陸網路用戶約有一百五十至二百萬，雖然較一九九七年成長近三倍，但規模仍小，預估一九九九年底可望達到三百至四百萬，公元二〇〇一年則可望超過一千萬，以大陸十二、三億的人口來看，可以想見網路必將成爲大陸家喻戶曉的產品。

所以，未來大陸個人電腦配合網際網路，勢必呈現爆發性的成長，其市場成長率必然會較我保守的預估三〇％要大得多。

台灣零組件業者有最純熟的技術、優越研發能力、量產的經濟規模，除了替國際大廠代工之外，未來若能結合利用業者本身最快速的產品週轉率及生產管理技術，並結合大陸當地業者的品牌與通路，那麼龐大的大陸個人電腦市場，將可能是由兩岸資訊業者共同瓜分。

3.爭取CM訂單爲必然趨勢

CM就是跨國性組裝工廠，國際電腦大廠的各種零組件OEM訂單除了部分會在自有工廠組裝出貨外，其他的多以合約方式讓CM廠打理。

國際上有名的CM廠如SCI、Jabil、Solectrom，其特色是擁有極強的整合能力，以及全球運籌管理的生產、發貨倉庫。這些公司以前就是替大廠代爲組裝而壯大起來，由於代工利潤有限，因此CM廠會想辦法從整合上來縮小成本，多年來累積下來的經驗，造就了如今的優勢。加上低價電腦盛行之後，電腦大廠現在自己組裝電腦在成本效益上不見得追得上CM大廠，所以訂單有移往CM大廠的趨勢。

CM愈來愈坐大之後，第一個被壓縮的是國內的系統組裝廠OEM的未來，在敵不過CM廠的強勢下，祇能賺取微薄的加工利潤，將類似傳統產業。

所以，台灣的電子業上游IC受制於製程的落後，永遠被美光、韓國三星抛在後面，就算DRAM景氣大好，眞正賺錢的是美、韓業者，台灣業者恐怕連啃骨頭的機會都沒有，落得祇能喝湯。另一個就是下游系統組裝。

當CM將原來重心由美、歐往東南亞移動，尤其未來大陸市場愈來愈大時，CM擅有的組裝系統OEM量產經濟規模，就必須藉助台灣零組件業者量產規模及低價勞工成本，並藉由雙方的結合，才能使CM的系統接單量增加，出貨地點遍佈全球。

所以，鴻海正在走準系統（BareBone），實際上走的是國際CM路線，而光寶與國內主機板業者頻頻與國際CM廠接觸，即瞭解零組件與CM廠策略聯盟已是一條必經之路，誰能掌握先機，業績馬上會呈現成長爆發力。

4.多角化經營爲必然趨勢

國內零組件業者不斷擴廠，雖然業者也瞭解到再經二至三年，零組件也有可能像台灣已經佔據全球第一的監視器、掃描器、光碟機等產業一樣，屆時變成成熟產業，祇能賺取營業利益率不到五％的低利潤。因此，有遠見的業者已經開始在做多角化經營觸角。以目前來看，未來較具有經營成效祇有華通、鴻海、華碩。

PCB龍頭華通除了爭取汽車用PCB、Q9000的認證外，已取得英代爾授權Rambus基板模組（國內僅華通、燿華、南亞三家獲得授權），並且利用導入增層法製法製程的HDI產品，且積極開發PBGA基板。一九九九年上半年其桃園廠完工後，每月將

國內BGA基板之生產現狀

廠　商	技術來源	量產時間	產量	主要產品	未　來　發　展
華　通	自行研發	1998年	50萬片／月	PBGA	大園廠將生產TBGA、MBGA及BUM，1998年計劃生產PBGA700萬片／月(未來1600萬片／月)
旭　龍	工研究與日本	1999年		PBGA	100-120萬片／月
日月光		1998年		PBGA	計劃1999年Q1起60萬片／月
群　策	自行研發	1998年		PBGA或MBGA	與欣興合作，計劃1998年底起量產100萬片／月
南　亞		1999年		BGA及BUM	錦興五廠預計1999年中起生產
楠　梓		1998年	40萬片／月	T-BGA	預計1998年底投產400萬片／月，及發展PBGA／BUM
大　祥		1998年		PBGA	預計1998年Q4生產400萬片／月
耀　文	(美)Prolinx	1998年	25萬片／月	VBGA	預計量產VBGA200萬片／月，並計劃生產PBGA600萬片／月
燿　華	(美)Prolinx	1998年	15萬片／月	VBGA	視市場情況而定
金　像		1999年		PBGA	計劃1999年Q4起月產120萬片／月
力　太		1998年		PBGA	計劃1999年Q4起月產200萬片／月
台　豐	(日)三菱瓦斯	1998年		PBGA	計劃1998年Q4起月產400萬片／月
慶　豐		1998年		PBGA	已小量試驗生產

資料來源：工研院材料所

表3-23

量產PBGA七百萬片。

華通預估一九九九年營收一百九十五億元，即使營業利益率由一九九八年的二三%降為一五%，一九九九年保守估計稅前盈利連同大陸及美國廠投資效益也有三十五億元左右，一九九九年配發三元股票股利，增資後的股本五十六億元，每股稅前EPS仍有六‧二五元，二〇〇〇年營收及獲利能否恢復高成長、高獲利，是其股價再重新回復長多走勢的關鍵。

另外，鴻海在準系統已掌握全球前十大個人電腦主要客戶，預估一九九九年年出貨量九百萬台，較一九九八年的六百五十萬台大幅成長三八%，一九九九

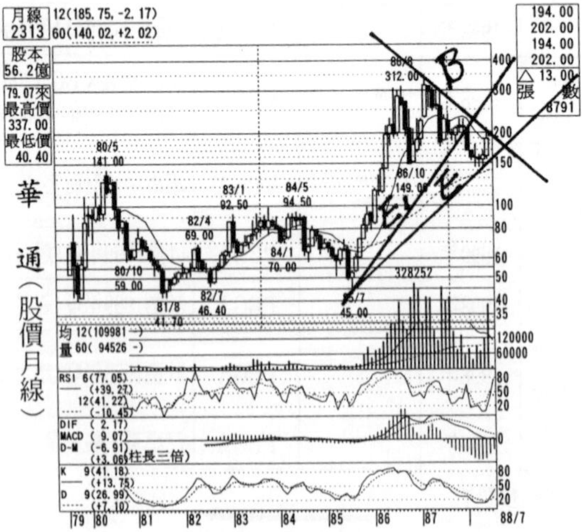

圖3—10

九年營收應有五百二十億元實力，較一九九八年成長三五％，稅前盈利約七十億元則在低價電腦影響下僅能較一九九八年的六十億元成長十六％。

5.華通股價分析

一九九九年配發股票股利三元，以該公司所建立績優形象，及預期第四季起業績回升，除權後，股價即使回到一五〇元附近，都屬於中、長期投資買點，一九九九年第四季具轉機，二〇〇〇年大成長，股價仍會再見三百元。

總結

台灣股市進入完全成熟的市場，許多走了數年空頭走勢的傳統產業低價股，往往會來一波總修正，一次搞定，之後又恢復長期慢性盤跌的長空走勢。

傳統產業不走向合併或者積極轉型二十一世紀明星產業，股價難有出頭之日。

高科技產業，不斷在進行「優勝劣敗，適者生存」的叢林法則競賽，而網際網路的興起，將是下一回合更競爭激烈的開始。

肆

選股祕訣篇

股市投資的致勝關鍵在於選股。

緩慢成長、價值型、資產型在網際網路興起之後，

將變成股市的冷門股，而景氣循環股在資訊透明、迅速的時代，

多空漲跌全在一線間，多頭來得兇猛、快速，

卻消失在多數人仍在期待有更高點的夢幻中，

默默地又回復長空走勢。

高科技、網際網路是追逐高成長、逐夢的題材，

是跨越二十一世紀投資的主流，祗有追隨著脚步，

才是獲利的保證。

一、區分股票類型

投資股票勝負的關鍵在於選股，讀者在買股票之前，一定要先確定要買那一種類型股票。股票的類型，我把它區分爲下列幾種：

1.緩慢成長型

這類型股票在早期也都有光輝的歷史，諸如台灣一九六〇年代的水泥，一九七〇年代的電器，一九八〇年代的塑膠、化纖，在台灣早期經濟剛起飛的階級，上述這些股票皆曾扮演快速成長的角色，隨著時代的演進，它們的成長速度才慢慢減緩下來，爲何會造成這種現象，主因有下列幾點：

⑴股本日益膨脹，營收成長趕不上股本膨脹的速度。

⑵新競爭者的加入，使營收及利潤持續衰退。

⑶公司經營層的保守，無法掌握新產品開發的時機，無法讓本業朝向多角化經營。

在台灣股市，屬於這類型的公司有台泥、亞泥、統一、東元、士電、中鋼、台玻、長榮、海運、國建。

緩慢成長型股票，它的最大優點：

⑴由於經營階層的保守，故因應不景氣的能力也較強，公司不會倒閉、關門是其最大優點。

⑵每年領取固定的股息及股票股利。

在講究十倍速的時代，緩慢成長型的股票是不被新新人類列入投資組合。因爲，這些股票盤底的時間特別長，也是技術線型最特別的地方，祇有保守型的投資人，能適應這種磨菇走勢。

投資這種股票，既然是爲了收取固定股息及股票股利，因此對財務報表上的資本公積及未分配盈餘就要特別注意，如果公積及盈餘多，表示即使處在不景氣時期，仍有比照往年配發一定的股息及股票股利，反之，公積及盈餘少，就表示公司在艱難時期賺得少，也不可能分配太多的股息及股票股利。

緩慢成長型的股票，祇有在碰到有大行情才會順勢跟著上漲一段，當它的股價，與股息及股票股利相比不再吸引投資人注意時，就是讓市場覺得股價過高時，也就是其賣出訊號的出現。

此外，緩慢成長型股票要注意下列的訊息：

(1)當公司從原來掌握很多現金到現金大量減少，或者公司從很少負債、甚至無負債到突然變成高負債，如果是投資在與本行無相關，而且投資行業又非屬於高利潤的行業，即表示公司已經有經營惡化的現象。

(2)公司沒有新產品開發的能力，祇能依靠老式產品在求生存，表示公司的研發能力有問題或者無法投注更多研發經費，代表未來的業績還會繼續惡化。

(3)市場佔有率逐年降低，表示公司產品的競爭能力逐步再減弱。

2.景氣循環股

在台灣通稱景氣循環股的如塑膠，化纖股，這種類型表示隨著景氣循環，公司的業績和利潤，會做有規律的起伏，甚至可以預測出來。景氣循環股最大特色是擴張、收縮、再擴張、再收縮。

所以，敢在不景氣時大規模投資擴廠的公司，一旦渡過不景氣時期，在下一個景氣復甦繁榮時期的循環，往往是市場中最大的贏家，如台塑六輕三千億元的投資案，已經於一九九八年第四季依序完工量產，如果下一個景氣復甦是由二〇〇〇年開始，則台塑六輕就是最大贏家。

在美國，景氣循環股是以汽車工業做爲代表，因爲美國是以內需爲主導經濟景氣，當內需熱絡，人們會把原來三至四年才換新的車子，提早到一至二年就更換，汽車工業的業績自然大幅躍升。

景氣循環股最大的特色：

⑴在景氣由復甦至繁榮時期，股價上漲幅度要比緩慢成長型股高出甚多，有時幾達倍數以上。

⑵反之，景氣由繁榮高峰往下掉時，若不愼在此期間介入，則一旦確認反轉訊號，短期間內賠掉本金的一半是很有可能，也是很正常的事，尤其在等待下一波景氣復甦的時間，往往很漫長，譬如一九九五年四月塑膠及化纖由景氣高峰反轉下來到一九九八年年十月觸底，整整經歷三年半的不景氣。

景氣循環股最大的憂慮在於新競爭者的加入及坐大，會使不景氣時間拖長及景氣繁榮時間縮短，譬如：

⑴台塑六輕的擴產，除了SM之外，壓縮了其他塑化廠的生存空間。

⑵中國大陸化纖自給率已經高達七成，故在不景氣時期中國大陸內銷聚酯加工絲比台灣貴四成，但爲了扶持大陸國營事業，寧可內購，也不願向台灣購買。

(3)東南亞、韓國、大陸自一九九五年起持續擴增石化廠，已預示下一波二〇〇〇年景氣復甦繁榮期的來臨，大家拚命生產，過多的產能反而可能使繁榮期時間縮短，並且導致另一波不景氣提早來臨。

景氣循環股的賣出訊號：

(1)它的循環周期有一定的規律，譬如不景氣期間三至四年，復甦至繁榮期間一年至一年半，因此在循環尾聲即將接近，而且最重要的技術面周線已經完成五波三大段走勢時，就是該要出場的時機。

(2)景氣循環股在繁榮時期、盈餘最高峰時，換算的本益比最低，而當產品價格到了最高峰、且不再上漲時，也是股價最高峰。有時，股價會提前反映到產品價格的最高峰，而在隨後產品價格到了最高峰，股價已經在盤大頭部形態時，任何的利多都無法促使股價再上漲、創新高，就是賣出的訊號。

(3)前述提及競爭者的加入是景氣循環股的隱憂，尤其在繁榮時期，新的競爭者加入往往會以削價競爭爲手段，對產品價格的殺傷力相當可怕，也是賣出的訊號。

(4)在景氣繁榮時期，各廠家爲了謀取最大的利益，無不卯足全力生產，因此在產品價格最高峰時，留意其當季公布的財報裡存貨是否較前一季大幅增加，或者存貨超出營收三個月以上時，即顯示未來勢必以削價來出清存貨，也是賣出的訊號。

3.價值型股票

在講求倍數成長的時代，價值型的股票是被忽視的一群，因爲它的業績並沒有突出之處，營收固定在一個數目字，公司也無開發新產品的能力，祇能任其浮沈。

但是，價值型股票不在觀看其營收及盈餘的成長，祇要本業不再虧損或者有小幅獲利即感到滿意，重要的是其內涵，譬如擁有價值可觀的都會區土地資產，或者擁有許多獲利突出的轉投資事業，每年可挹注可觀的投資收益。

在台灣屬於價值型股票計有聯華實業、中石化、太電、華新、台肥，其中以台肥最具代表性。

價值型股票最需注意的是財務報表中的銀行長、短期負債，祇要銀行負債不高，就不會貶低其資產的價值。

價值型股票，通常在等待一個實力雄厚財團型大買家的出現，大買家會在意的是公司的內涵，即雄厚的土地資產（都會區土地才被列入，而不是所謂郊區的山坡地、農地），以及被貶低的價格。

因此，當大買家在底部區完成收購的動作後，會以其所持有的股權要求進入董、監事席位，然後再以辦理現金增資方式，來開發其都會區土地資產，而爲了達到高額溢價的目的，股價通常會有倍數的上漲。

台肥現有股本七十億元，每股淨值高達近四十六元，又擁有南港信義計劃區價值連城的土地，本業雖然無賺錢的本事，卻也不會賠錢，股價低於五十元，實在是價值被嚴重低估了。

我相信，台肥有一天一定會被有實力型的大買家看中，也是股價有動意時，而眞正的最高峰期賣出訊號出現，就在於以藉開發都會區土地資產爲名，而辦理高額溢價現金增資時，股價在推波助瀾下，也會到達最高峰。

價值型股票如果把名下價值可觀的轉投資事業或者價值可觀的土地資產出售掉，這是種賣祖產的行爲，雖一時可帶來可觀的出售利益，但也因其內涵的減損，股價短期反映利多的上漲，長期而言，公司價值的喪失將使其不再被注意，股價終將淪沈而成爲股市的「棄嬰」。

4.資產股

在台灣的資產股通常是把一塊地擺在那裡歷經數十年也沒開發利用，或者是每一年處理掉一部分來挹注盈餘，用來增資配股，但隨著股本每年的膨脹，公司的土地資產愈來愈少，換算每股淨資產價值也愈來愈低。這類公司已經把公司帶入死胡同，投資人用十年前公司的股本相較於現在的股本，就可發現其膨脹倍數，而公司的資產十年前到現在已經賣掉多少，就可知道那些不是資產股了。

在台灣還可以算是資產股的祇剩下二支，即士紙與六福，其他的都是虛有其表。一九九〇年股市漲到一萬二千點時，士紙股本十八・四三億元，一九九九年股本二十二・二九億元，九年來股本才膨脹二〇・九％，顯示公司的土地資產價值還沒有被股本稀釋掉，近幾年股價跌破四十元後也都曾出現大行情，如一九九〇年十月跌到三十一・七元，之後曾漲到一百三十七元，一九九五年八月跌到三十四・三元，後來也漲到一九九七年一百六十八元才結束。

或許，當士紙股價再跌落五十元以下時，隨著士林廠遷廠、開發案正式落實時，股價也會再來一波倍數上漲的利潤，而這也是長期持有者最後的賣出訊號。

在談六福之前，先告訴讀者美國迪士尼的故事。

迪士尼在沒有轉型成功之前，被稱為擁有雄厚土地資產的打瞌睡公司，直到新的管理階層從卡通片轉向成人觀眾，其旗下關係企業CNN有線電視經營的有聲有色，日本主題公園、歐洲主題公園反應都不錯，加上迪士尼無可取代的電影圖書館和州不動產，以及新增的佛羅里達州新樂園，遂使迪士尼由資產股至轉機股再轉至成長股。

六福是台灣唯一充分利用資產活性化的資產股。

一九九五年之前，六福村未開放主題遊樂園之前，六福平均年獲利約有一千至二千萬元，六福村主題樂園開放之後，一九九五至九八年稅前盈利依序為三・七七億元、六・六二億元、四・七七億元、五億元，平均年獲利五・〇四億元。

一九九九年下半年，六福村阿拉伯魔宮正式完工開放營運，以及六福與美國 Westin 旅館集團合作經營的六福皇宮預計可在一九九九年底完工，正式營業後二年應可達到損益兩平，並從二〇〇一年開始獲利。因此，六福逐步已經由資產股至轉機股，而於二〇〇一年起將進入成長股。

所以，前述分析的價值型股票及資產股，真正具有中、長期投資價值祇有台肥、士紙、六福這三支罷了。

5.轉機型

在國外稱之爲「起死回生」股，如早期的克萊斯勒汽車在一次景氣循環低谷，業績除了大幅衰退，並且出現嚴重的虧損，當大家都認爲克萊斯勒有可能一去不回頭時，艾科卡的力精圖治，終使克萊斯勒轉危爲安，並與通用、福特並稱爲美國三大汽車公司。

一九九〇年後的蘋果電腦，也是因經營策略的錯誤而出現嚴重的虧損，後來在英代爾入股一〇%，以及新的經營階層推出電腦iMAC自一九九七至九八年連續兩年在美國市場熱賣，市場佔有率大幅提升，一九九八年其第四季獲利成長三倍以上，大幅超出市場預期，一九九八年第四季獲利一億五千二百萬美元及每股九十五分，遠超出一九九七年同期的獲利四千七百萬美元及每股三十三美分，這也是先前連年虧損的蘋果電腦連續第五季出現獲利。同時，蘋果電腦股價也由一九九七年十二月下旬最低點十三美元，漲到一九九九年元月中旬最高價四十七美元，淨漲幅近三倍。

在美國市場，所謂轉機股都是指尋求本業的突破，重新再把公司恢復到過去擁有的商譽及市場佔有率的上市公司。

但是在台灣則是指自一九九六至九八年底的所謂「借殼」上市股，如漢陽集團借殼國揚上市後，用漢揚集團的業績灌注到國揚身上，並以此來拉抬股價，實際上國揚並沒有改變。其他的借殼上市股也不是在本業上力求突破，而是用與本業無關的營建個案來挹注公司獲利，再經由此來拉抬股價，再利用股票質押，再買股票再質押，如此高風險的財務操作，終有一天會出事。

即使，最近電子股幾家虧損累累的公司，以所謂「策略聯盟」來拉抬股價，講句難聽的話：「狗改不了吃屎，牛拉至北京還是牛」，早晚這些公司會造成下一波的地雷風暴，主管當局若不趁早制止，總有人會跟著倒霉。

試想，這些虧損累累的電子公司，經營團隊或是研發能力有增強了嗎？公司在銀行的負債，祇不過先由老板私人墊出一部分，然後再大刀闊斧刪減人力，把生產成本大幅降低，再由老板私人的公司業績灌注到借殼上市公司的身上。

但是，這終就有其限度，以國揚爲例，當股本膨脹到一百零八億元，老板私人所有的漢陽集團要再挹注到國揚每股一元的獲利，就要拿出十億元，挹注每股二元獲利，就要拿出二十多億元，而且相對也要有配合相稱的營收，這種高難度的操作，要做到天衣無縫是不容易的事。所以，在台灣所謂「策略聯盟」，十之八、九都是騙人的，炒股價才是眞正的目的。

不管怎樣，按照美國股市轉機股賣出的訊號如下：

⑴當所有麻煩、經營惡劣的環境都已經大幅改善，而股價又已經回復到它過去的歷史高峰，或者比同類股要高出甚多時，不要猶豫賣掉它。

⑵公司預估的盈餘，看似非常樂觀，但應仔細推敲盈餘是來自公司本業的成長動力，抑或是借助外力，如果盈餘是來自後者，其本益比再低都是不可靠的。

⑶公司銀行債務在大幅減少之後，又突然在上一季中大幅增加，就要去注意負債增加的來源。

⑷存貨的成長率是銷售量成長率的二倍，顯示營收的成長來自低價競爭，萬一滯銷時，大批存貨就要提列可視的跌價損失準備。

6.高速成長股

在台灣這幾年堪稱高速成長的公司，以上市的華通、鴻海、華碩、廣達、聯強等爲代表，這些公司都具有下列特色：

⑴經營團隊堅強。

⑵研發能力、開發新產品的能力領先同業，因此享有比同業更高的毛利率。

⑶公司專心於本業，不熱中業外的金融操作。

當然，資訊產業產品生命週期短，一個經營策略的失敗往往爲公司帶來極高的風險，如近二年國內掃描器大廠大量擴充產能，而無視於掃描器並不屬於個人電腦必備的配件，因此在供應過剩的情況下，形成國內業者自相殘殺，三大廠如全友、鴻友、力捷在一九九八年皆出現可觀的虧損。

當高速成長的公司出現業績由高速進入緩慢成長時，或者其營收成長趕不上股本膨脹的速度時，對股價的殺傷力往往是毫不留情。

當然，高速成長的公司營收及獲利成長若均能趕上股本膨脹的速度，即顯示其獲利並沒有被稀釋掉，自然可享有較高的本益比。

要判斷高速成長股何時賣出最恰當是很困難的，但也有邏輯可依循：

⑴景氣循環股的股價在繁榮期的本益比會降到最低，但是高速成長的股票卻是相反的。基本上，高速成長的股票是植基於未來「逐夢」的題材，因此股價愈到高檔，本益比也會高到令人無法想像，譬如一九九七年八月下旬台灣電子股平均本益比高達近四十倍。當高速成長型股票本益比都在三十五倍以上，已到了令人感到荒謬的地步，就是賣出的時機。

一九九九年第一季美國的網際網路股，本益比動輒高達百倍、甚至數百倍以上，實在令人不可思議，雖說網際網路是二十一世紀的明星產業，但是股價的狂飆也埋下未來大幅修正的種子。

⑵新產品的開發及銷售未受市場熱烈反應時，而且該項新產品在公司往後的年度營收及盈餘目標佔有極高比重時，也是賣出的時機。

當然，該項新產品若僅屬於公司初期試驗階段，還不是營收及獲利的主要來源時，則又另當別論。

⑶在股價高峰期，該公司卻召開法人說明會，介紹未來遠期的計劃、光明的美景時，顯示公司已離開務實的本位，也是賣出的時機。

⑷在股價高峰時，公司重要部門主管帶走一批研發人員離職創業，與原來公司形成競爭上的對手，也是賣出的訊號。

二、那些公司不宜持有

即使能分辨出股票的類型，股市的投資瞬息萬變，有時要從市場的訊息去判斷真偽，也並不是容易的事。

我在《顛覆投資策略》書中已指出不務本業、完全靠金融投機炒作獲利的公司，不宜做長期投資，另外有下列形態的公司也不宜持有：

1.妄想未來要做「某某第二」

有些公司在新經營階層介入之後，公司才出現轉機，股價卻已經上漲數倍以上。此時，市場上卻耳語相傳，該公司的獲利率足可媲美業界最富盛名的領導廠商，未來的獲利將是「某某第二」。

通常，這種公司公關做得特別好，與媒體記者關係密切，甚至給媒體記者不要本錢的乾股（即給予按市場價格打個七折、甚至五折的數量十萬股，由媒體記者負責發布利多，股價由盲目的散戶拉上去時，公司即高檔出完貨，或者媒體記者要賣時，公司把股價差額給予媒體記者，即所謂的乾股）。

在市場喊出該公司要成爲「某某第二」時，而股價又已經上漲數倍時，通常意謂炒作已經近尾聲，祇是利用不實在的利多來出貨，套牢一堆不知情的散戶投資人。

2.離開經營惡化的公司

有些公司會把資金花在愚蠢的收購上，因爲被收購的公司價值被高估了，或者被收購的公司與公司的本業完全毫不相干，也不是時下熱門的產品，如此會致使公司經營的惡化。

在台灣有些上市公司老板熱中設立投資公司，當公司老板炒作股價失敗，就用投資公司大量買進母公司的股票，俗稱「護盤」，但是股價若繼續下跌，屆時公司提列的虧損就相當可觀。

有些公司則把短期投資改列長期投資，而股價下跌的損失則列記在股東權益的減項，變成全體股東的損失。

譬如台鳳用子公司名義買了三萬七千四百張台鳳股票，金額五十九億七千零七十六萬元，每股平均成本一百五十九元（見工商時報一九九八年七月十六日第三版），到一九九八年十二月上旬台鳳公司公告的一九九八年財務預測，其未實現長期投資跌價損失高達四十億七百六十一萬元，等於是去掉六七%的損失，其預期一九九八年底股票的收盤價五十二．五元。以目前台鳳股價低於五十元以下看來，這筆未實現長期投資跌價損失高達四十億元，將永遠成爲台鳳心中之痛，胸中的毒瘤，這個毒瘤不除，台鳳股價的任何反彈永遠會被這個陰影所覆蓋住。

如果把損失認賠，台鳳股價一次跌到底，或許可算是「利空出盡」，但未來本業若沒有轉型，則股價在股本大幅膨脹之後，要有一番作爲也並不容易。

3.不要相信耳語

有些公司在上漲一段之後，主力出脫不易，通常就會透過市場的耳語，傳播不實訊息。譬如營業員跟你介紹某種股票，謂該公司最近接到什麼大訂單或者什麼新產品可帶來多大效益等等。

這種股票最特別的一點，就是用「感性的訴求，來讓人不得不相信它的說服力。」這類股票在下跌之前，會先來波小段上漲，讓相信的人賺點小錢，然後就開始賠大錢。

4.存貨過多，提防提列跌價損失

當一家公司營收成長一〇％，但是有存貨卻增加三〇％時，或者存貨超過年平均營收三個月以上時，就要注意這家公司可能會提列金額龐大的存貨跌價損失。

尤其，資訊電子業產品生命週期短，通常存貨在一個月營收之內，才算正常，如果存貨控制在三周甚至二周，表示公司產品競爭能力強，去化順暢。

但是，存貨若是超出年平均營收三個月以上，就表示該公司在存貨上累積了太多資金，代表公司產品的競爭能力薄弱，有可能在一段時間後提列可觀的存貨跌價損失，甚至把存貨全部打掉，造成公司大幅虧損或者獲利的大幅調降。

因此，當你在財務報表上，有發現這些存貨過多的公司，或者比同業高出異常過多的存貨，最好避開這些公司，不要持有方爲上策。

5.法人持有過多的股票，是未來的賣壓

台灣股市對整體外資持有單一個股的上限是三五％，當各家投信同時看好一支股票，或每家基金持有同一支個股數量都相當高，且該股股價正處在高檔，這情形在告訴

你，這支股票上檔已經沒有太多的空間。因爲法人投資股市也是爲了獲利，而不是來股市當「散財童子」。

當法人持續買進某支個股，也造成該股上漲一大段之後，表示法人可動用資金已經塡滿，接下來就是等著獲利賣出。除非這支股票在公布的獲利比預期高出甚多，甚至超出一倍以上時，此時散戶投資人才會做爲抬轎的角色，把股價順勢再拉出一段漲幅出來。否則，若該支股票公布的獲利僅是符合市場預期，或者僅較市場預期要好一點，而該股票的本益比又已經到達市場的合理化時，股價再大幅上漲的可能性不大，此時衆多法人都已經坐上轎，在等待賣出機會。

所以，你可發現外資大量持有單支個股比例超過二五％以上，距三五％的上限已經相當接近的個股，其股價漲幅通常不如同類型股票，甚至落後大盤漲幅，其原因就如上述所言。

6.避開董、監持股質押過高的股票

台灣集保公司在每個月中旬左右就會有份上市股票集保設質統計表。

台灣上市公司的董、監事持股佔發行比例大約在二〇％至三〇％。所以，當上市公司股票集保設質佔發行股數二成以上時，把董、監事持股數量拿來對照一下，就可發現董、監事幾乎已經把名下的持股八〇％，甚至九〇％以上全數拿去銀行質押，有些股票集保設質數量甚至已經比董、監事名下持股還多時，這代表不僅董、監事股票拿去質押了，連內，外圍，甚至三等親內的股票都拿去質押了。

董、監事持股質押過高，意謂公司大股東汲汲於股價的差額利益遠勝於本業的經營，也或許是公司大股東私人在外頭的經營事業複雜或者轉投資事業不順利，於是董、監事資金求現壓力沈重，調度吃緊等。

所以，若有這種董、監事持股質押過高的情形，又碰到股價下跌，在斷頭壓力下，往往股價跌幅會令人意想不到的可怕。

通常，董、監事持股質押過高的公司，在本業的發展絕對不可能會有出色的表現，也不適合做爲中、長期投資的標的。

三、如何利用資訊

在成熟、老化的市場，各投信及著名大型券商附屬的投顧都有固定發行月刊，裡面會有產業分析、各上市公司今年盈餘的預估等內容，你可以收集起來，用時間來證明那些是可信度較高，那些是過度的離譜？同時也可以發現那家投信及投顧的研究報告較具參考價值。除此之外，還可以採用下列方法：

1.碰到股價下跌，如何向公司套話

如果因為國際金融情勢的變動，以致上市公司的產品在外銷市場遭受不利的影響，今年的盈餘會較去年衰退時。一般散戶投資人祇關心股價的下跌，而不去關心內在情勢的變化，單純性祇問股價的下跌，上市公司當然很容易以市場因素，二、三句話打發投資人。

如果投資人事先評估過，這家公司去年EPS三元，今年會因上述不利因素，EPS掉下來為二元，少了一元。可以用專家的口吻向對方詢問：「某某投信認為你們今年最差EPS每股也有二元」，讓對方知道你是有備而來，在答覆上也會給予較市場合理的

答覆。

當然，大前提是所投資的這家公司必須是具有潛力的，今年業績的轉差係受某種客觀因素的影響，而不是經營策略上的失誤，公司的研發能力、開發新產品能力仍是同業的領先者，則雖然今年盈餘ＥＰＳ較去年衰退一元，但至少也有二元的實力，你就可以在股價超跌、跌破合理本益比、底部出現大量時，再來攤平，長期持有。俟不利因素消失、股價出現大幅反彈時，即可以先將低檔持有部分先做獲利了結，高檔套牢持有部分，再看公司未來前景的變化做定奪。

2. 不景氣時，注意財報上的現金與負債比

經濟不景氣時，大部分行業都在逆境中掙扎，如何去判斷一家公司能否撐過不景氣呢！首先，正如我在《顚覆投資策略》書中所提的，祇有專心本業、不從事短期投資的金融操作的公司才値得投資。

現在，台灣上市公司都把投資公司列入長期投資項目，但無論其怎麼列入短期投資或長期投資，把所有投資公司的項目全部列出來，帳面金額祇要超過股本的五〇％上，就可以認定是家以金融投機炒作獲利爲主、不依靠本業的「爛」公司。

台灣一九九八年九月下旬自東隆五金出事以來，共有三十八家公司是因護盤股價而導致公司股價大跌，甚至出現財務危機。

因此，如果是一家以經營本業爲主、沒有設立投資公司的上市公司，在不景氣時其所持有現金足夠抵銷帳上的長、短期負債，即顯示這家公司沒有負債，因應不景氣的能力較強，如果加上公司當局的力精圖治，及新產品在市場掀起熱賣，則這家公司的股價就要特別注意。

裕隆即是一例。一九九六年裕隆因新推出的 Ceferio 的熱賣，一九九六年七月二十元，漲到次年（一九九七年）七月的八十元，足足淨漲三倍，當然獲利的持續大成長，也是股價能淨漲三倍的主要原因。

3.可試著去拜訪公司或參觀工廠

我在《顚覆投資策略》書中曾提示當電子公司買下豪華、舒適的辦公大樓、公司負責人懂得生活品味時，就代表這家公司已經喪失衝鋒陷陣的鬥志，也或許是因爲股本已經是龐然大物，要再有高成長已經是「緣木求魚」，這種公司相對也已經失去長期投資的價值。

當然，上市公司時常會召開法人說明會或邀法人參觀工廠，這都是因為法人手上握有龐大現金，上市公司都希望法人能持有他們的股票。

散戶投資人當然也可以向上市公司提出要參觀工廠，千萬別以為投資金額少，恐怕上市公司理都不會理，其實只要三、五成羣結合起來，力量也是夠大的。

有時偷偷去參觀工廠，反而會有出其不意的大收獲。記得前幾年有一家已經下市的公司要跳票的前一個多月，我認識的一位朋友手上持有不少該公司股票，有次剛好到該上市公司附近的遊樂區去玩，回程想想沒事，就順道去該公司工廠參觀，祇覺得倉庫積滿了存貨，結果無意中聽到員工的一句話：「上個月薪水祇發了一半，還有一半未發」，把我那位朋友嚇了一跳，回來次日一開盤，手上持股全部認賠了結，祇賠了約一五至二〇%，總比到最後股票變成壁紙要好多了。

在台灣投資股票，公司負責人的誠信最重要，負責人具有十足的誠信，則公司的財報才有參考價值，反之，財報跟廢紙沒有兩樣。

任何要出事的公司，在財報上均很難看得出蹊蹺，因為會計師會配合上市公司做假帳也是一大主因，主管機關有必要加重會計師的刑責，以保障投資人的權益。

4.集中投資領導股，才有可觀獲利

未來股市的上漲是建立在有限資金追逐有效率的個股上，也就是資金集中個股，展開重點式的攻擊，是未來股市的模式。

因此，各行業領導者能享有比同業更高的營業利益，純粹是在於經營團隊的堅強，及研發能力、開發新產品的能力領先同業。像電子業中PCB華通、主機板華碩、筆記型電腦廣達、連接器及機殼鴻海、通路聯強、LED超高亮度國聯光電，這些公司能長期佔有高股價，自有高人一等的獲利能力。

任何多頭市場主升段的攻擊，祇要這些公司的優勢存在絕對少不了他們，其股票的漲幅不僅遠勝大盤，也會高於同類股的漲幅。因此，在他們的股價超跌，跌破合理本益比，建立基本持股，做中、長期投資組合是必要的。

在美、日市場，投資領導股已經變成一種趨勢，在美國是英特爾（Intel）、IBM、DELL、CISCO、康柏、美光（Mircon），線上網路服務公司（AOL），在日本則是松下、日立、東京電子、富士軟體、東芝、富士通、三菱等。

日本股市自一九九八年第四季起在一三〇〇〇點至一五〇〇〇點長期盤整，日圓則持穩在一百一十日圓至一百二十日圓兌一美元，日圓一旦穩定下來，一些獲利具轉機的資訊電子龍頭如東京電子股價漲幅都有近一倍，一般的也有三〇至五〇%漲幅。

由於台灣股市已像美、日一樣走向成熟市場，未來具有國際競爭力的資訊龍頭廠商，長期投資的報酬率仍然會相當可觀。

注意事項

在選股投資之前，有些應該事先注意的事項如下：

1.了解所投資公司的本質，以及買進這支股票的理由。

2.對於提前樂觀估計其營收會成長五〇%甚至一〇〇%的上市公司要特別小心。

3.沒有前景沒有希望的股票，永遠都是在做反彈行情，期望要有好成績是不可能的。

4.十倍速的時代，要講求集中投資，以三至五支股票最適合，太過分散投資，往往利潤有限。

5.雖然不是熱門行業（資訊業），但公司年成長率能維持在二〇%以上者，即使是非電子股，也是理想的投資標的。

6.沒有負債的公司，絕對不會破產。在經濟不景氣、股價跌落淨值以下或遠離淨值一〇%時，這類公司股票都可少量持有做中、長期投資。

7.公司的利基產品定位清楚且不斷有開發新產品能力的股票就值得買進。

8.如果有朋友或親屬在資訊領導廠商任職，這種關係務必保持住，往往可以得到可靠的情報。

9.衡量本益比。本益比一旦偏離常軌，進入不可思議的程度，任何的利多發布都要特別小心。
10.轉機型的股票一旦確立轉型成功，漲幅起碼以倍數論。
11.如果公司股價持續下跌至不合理的程度，本益比跌到十五以下，公司大股東以私人而非子公司投資公司名義持續買進自家股票，一段時間過後，往往會有營運的利多發布，值得注意。大股東以私人資金介入而非公司資金，顯示大股東實力雄厚。
12.對投資感到疑慮時，暫停任何的投資股票。
13.法人代表負責人及新股（廣達、華碩、國聯光電在未上市市場即是領導廠商是例外），前者不宜投資，後者要觀察一年以上再作投資考慮。
14.如果該公司有項新產品有厚利時，先衡量對股本的貢獻度有多大。
15.買進股票時，要有耐性長期持有，而不是一開始就期望上漲。
16.對財務有困境的公司，根本不用考慮投資。即使可找銀行負債最少的公司，但有時這些公司會有民間借款不易發覺。

後記

1. 油價能否站穩十六美元關係產業復甦

OPEC與非OPEC於一九九九年三月二十三日在維也納達成聯合減產協議，自四月一日起每日減少二百一十萬桶的協議，致造成布侖特原油自一九九八年十二月底每桶十美元上漲至一九九九年三月二十六日每桶十四·四一美元，漲幅四四％。

沙烏地阿拉伯希望藉此將油價拉升至每桶十八美元。但是，委內瑞拉國營石油公司總裁吉斯帝隨即表示，未來三、四年內油價很難維持在每桶十六美元之上。

由布侖特原油走勢圖，每桶十六美元是多空關鍵，站穩十六美元則油價有可能轉爲多頭走勢，未來有走向每桶十八～二十美元箱形格局，則油價所帶動的全球原物料上漲，將可化解全球通貨緊縮，對傳統產業如塑膠、化纖、鋼鐵，也可因油價上漲，由原先成本增加所帶動的假性需求，轉化成實際眞正買盤需求的增加，進而帶動傳統產業走向復甦之途。

過去十二年來產油國每次聯合減產都失敗，最主要的關鍵因素即在於財政陷入困境的國家或者需要龐大軍費的國家私底下廉價賣油，因而導致減產協議破壞，前者如委內瑞拉，後者如伊拉克。

如果眞如委內瑞拉石油公司總裁所表示的，未來三、四年內油價很難維持在每桶十六美元之上，則這波油價因聯合減產協議所導致的激情上漲，之後油價拉回的後座力會相當強大，雖然不致於再回到每桶十美元的超低價，但長期可能是每桶十二～十六美元的箱形盤整，而傳統產業的復甦如塑膠、化纖、鋼鐵恐怕還要再等上一陣子。

2.產業不進行合併毫無轉機

這二年（一九九七～九九年），全球最盛行的是產業間合併，且「大者愈大，強者愈強」的趨勢。

譬如在國際石油公司方面，艾克森與美孚石油高達七百七十二億美元購併案，皇家與荷蘭蜆殼石油合併，英國石油與亞美和石油五百三十億美元購併案。

在汽車界，戴姆勒與克萊斯勒合併，福特與富豪合併，日產與法國汽車雷諾結盟。由法國雷諾汽車公司以五十四億美元取得日產汽車公司三六．八％的股權，參與日產的經營。福斯公司甚至預言，十年內全球大車廠剩下不到十家，且未來目標描準龐大的中國大陸市場。

在資訊電子業，美光合併德儀旗下四座八吋晶圓廠，由德儀取得美光一〇%股權，及美國線上服務公司合併網景等。

鄰近韓國也是一個很好的例子。一九九七年亞洲金融風暴掃到韓國，國內許多業者還幸災樂禍，以爲從此少了一個有力對手。

韓國人與日本人是極端的兩民族，韓國人具有悲情性格，爲了國家利益，可以犧牲個人，日本人則是死要面子。

所以，一九八九年日末泡沫經濟消滅之後，地價重挫，房地產腰斬，日本政府在官商勾結的壓力下，遲遲不敢大刀闊府斬斷存在於金融機構龐大的逾期放款及壞帳問題，祇能以公共工程來促進內需，但是五年多來換了五個首相效果依然不彰，主要就是未能對症下藥。

但是，韓國就不一樣，金大中先把地價大幅調降三五%，然後允許外國人前來購買設廠，再以國家力量把各財團生產同樣產品的合併成一家，並且允許外商持有五一%股權，就可擁有經營權。所以現代與LG兩家半導體公司合併成一家，絕對比一加一等於二要來得大。

財政部於一九九九年二月中旬發布鼓勵金融業合併，並允許享有租稅上的優惠。其實，不僅金融業要合併，台灣許多傳統產業更應該尋求合併，把資源整合起來，善加利用，發揮最大的功效，對企業才能有提高獲利的機會。

像水泥股的環泥、幸福，環泥股本四十二億元左右，幸福三十六億元左右，股本差距不太大，每股淨值環泥十三・八一元，幸福十三・二四元，也差不多，合併之後，兩家資源共同使用，可以省下多少人力的成本啊！

像食品股的愛之味、泰山，愛之味股本三十三億元、泰山股本三十二億元，泰山的全家便利商店可加入愛之味的陣容，而愛之味持有的劍湖山，泰山亦可共享，用二家之力來共同開發資源，獲利必然會增加。

像化纖、聚酯加工絲業的力麗、集盛、宏益、宏洲、宜進、聯發，六家就可併成二家，否則各自爲政，大家都不認輸，拚命比擴廠、比誰的產能大，而毫不去考慮市場的需求，永遠都是供過於求，那有獲利的機會呢？

像塑膠股業者，在台塑六輕量產之後，如台聚就應該考慮把旗下的華夏、亞聚、台達化合併成一家公司，整體資源的有效運用，才能抵抗六輕的衝擊。

此外，不僅傳統產業間應合併，連資訊電子業都要進行合併。

台灣半導體公司中同樣做DRAM的華邦、茂矽、世界先進、力晶、南亞，就應該考慮合併問題，如此才有能力與美元、三星、現代等國際大廠競爭，否則各自爲政，即使DRAM景氣大好，台灣DRAM廠也可能落得祗能喝湯的下場。

除了DRAM廠，像一九九七到一九九八年台灣掃描器主力廠全友、力捷、鴻友、致伸各自把市場價格殺到成本無歸，虧損累累，爲何不四家合併成二家，以取得市場的平衡，業者也有獲利的機會呢？

在西方民主國家，由於會計制度的完善、建全，透過企業間的整合就可進行。但是在亞洲國家，會計上仍有許多存貨攤提的認定，母、子公司間財務複雜，要進行合併，恐怕必須由政府站在第三者監督的立場，或者以行政力量干預才能竟其功。

3.暴跌後的股價一年內元氣無法恢復

由一九九八年九月下旬至一九九九年第一季共有下列公司因護盤股價，導致股價暴跌如國產車、名佳利、宏福、國揚、廣宇、台芳、東隆五金、瑞圓、普大、亞瑟、聚亨、新泰伸、正道、美亞、鋒安、中鋼構、聯成食品、中精機、順大裕、仁翔、味全、台鳳、三晃、友力、大鋼、櫻花建、櫻花、美式、啓阜、長億、三采、尖美、大華金屬、金緯、新燕、聚隆、達永興、環電計三十八家公司，除了中鋼構，大華金屬純粹是因市場主力狂炒的結果與公司無關，其餘皆與大股東脫離不了關係。

這些地雷股在風暴過後，股價曾腰斬剩下一折多、甚至不到二折，即使再來一波大反彈如味全由十四．五元反彈到二十五．一元，漲幅七三%，長億、台鳳也都有近五成漲幅，基本上也是一種解套行情，當主力大戶解套出脫之後，股價又要恢復長期慢性盤跌走勢。

試問，味全基本面改善了嗎？統一雖然祇有二十五元出頭，但從基本面，統一要強過味全太多了。味全在解套完後，長期將是二十元以下的低價股，尤其頂新集團在中國大陸的投資效益一年不如一年，一旦人民幣貶值，對內需食品的頂新是不利的。

每股淨值高達四十五．七元的台肥，股價雖祇有五十元出頭，卻比每股淨值二十元出頭的台鳳強多了。台肥股本七十億元與台鳳近六十億元差距不大，論資產品質，台肥比台鳳良好，台肥若祇有五十元出頭，台鳳五十多元，市場認同度更低，上檔空間有限。

因此，過去的地雷股是因上述公司把股價護在高檔，比同類股高出數倍以上，甚至數十倍以上，在這些股票崩跌反彈結束之後，會變成低價股，而且與八〇%以上的低價股爲同一族群。

4.制定完善法令，主持社會正義

上述三十八家皆因護盤股價致股價暴跌，有些甚至是公司負責人淘空公司資產，但截至目前爲止祇有東隆五金范氏兄弟仍被收押，其餘都已交保，如曾正仁、侯西峰、張朝喨，再高的保釋金，相對於他們淘空的公司資產，猶如九牛一毛，如此情形不禁令人爲范氏兄弟叫屈，他們所淘空的資產比起前述三位，祇能算是小角色罷了。

除此之外，這些公司仍在進行一些爲自己脫身的計劃。如國產車張朝翔居然異想天開提出要銀行以債權轉換爲股權，每股價格五十五元，現在其股票連五元都求售無門，這些負責人一天到晚還在想一些把銀行拖進來當「替死鬼」的點子，眞是「恬不知恥」。

國產車在國內市場佔有率最低，少一家國產車，對國內其他汽車業者並無影響。這樣的公司既然已經沒有存在價值，政府爲何不乾脆要其宣布破產，進行解散、清算呢？銀行被倒掉的不良債權即使一次提列，也可算是「利空出盡」？如果金融機構再掉入國產車所設下的陷阱，屆時變成國產車的大股東，後續不知道還要再拿出多少錢來才能彌補漏洞，恐怕會愈陷愈深。

國產車本身負債二百億元，連同關係企業民間借款，傳聞高達近千億元，即使沒有千億元也有六百～八百億元，足以摧毀三～四家新銀行。

所以，針對財務危機企業所發生的不良債權，金融業要有「壯士斷腕」的決心，就如同割掉身上的腐肉，讓其重新再生。而且，相關主管機關亦須制定完善的法令，強制母、子公司財務報表都須公開，對淘空公司者課以重刑，才是對善良投資人的保護。

5.負責人是法人代表、新股不碰

有一天，一位記者問我，「投資」什麼是最應該擺在第一位的？我毫不考慮的答覆：「公司負責人的誠信」，因為有二種股票我是絕不去碰的：

(1)公司負責人是以法人代表出任，這些法人代表有可能是在董、監事選舉經營權爭奪戰中戰勝的一方，因不是本業出身，祇好去找一個懂本業的人來當負責人，而且這些法人代表負責人，本身並沒有持股，還有許多是抱著過客的心態，有些則是檯面上是負責人，檯面下是夥計，什麼事都不能做主，投資這樣公司怎麼可能會有前途呢？台光就是活鮮鮮的例子。

(2)新股除非像華碩、廣達、國聯光電、威盛電子，在未上市市場時，就已經是該行業的龍頭，上市祇是順理成章。除此之外，新股上市（不管電子或非電子）起碼一年以上，我是連看都不看，連碰都不碰的。

有許多新股上市是把近二年度業績拚命灌水，盈餘特別好看，上市之後，老板在高檔出完貨，就逐一露出眞面目，因爲盈餘根本沒有那麼好，「好」是用來當晃子騙人的。

國家圖書館出版品預行編目資料

選股投資策略／司馬相著.-- 初版.-- 臺北市：大塊文化，1999 [民 88]

面；　公分.--(Smile；27)

ISBN 957-8468-92-X (平裝)

1.證券

563.53　　　　88010270

1 1 7 台北市羅斯福路六段142巷20弄2-3號

廣　告　回　信
台灣北區郵政管理局登記證
北台字第10227號

大塊文化出版股份有限公司　收

地址：＿＿＿市／縣＿＿＿鄉／鎮／市／區＿＿＿＿路／街＿＿＿段＿＿＿巷

＿＿＿弄＿＿＿號＿＿＿樓

姓名：

大塊 LOCUS 文化

編號：SM 027　　書名：選股投資策略

請沿虛線撕下後對折裝訂寄回，謝謝！

大塊文化 LOCUS

讀者回函卡

謝謝您購買這本書，爲了加強對您的服務，請您詳細塡寫本卡各欄，寄回大塊出版（免附回郵）即可不定期收到本公司最新的出版資訊，並享受我們提供的各種優待。

姓名：＿＿＿＿＿＿＿＿ **身分證字號**：＿＿＿＿＿＿＿＿

住址：＿＿＿＿＿＿＿＿＿＿＿＿＿＿＿＿

聯絡電話：(O)＿＿＿＿＿＿＿＿ (H)＿＿＿＿＿＿＿＿

出生日期：＿＿＿＿年＿＿＿月＿＿＿日

學歷：1.□高中及高中以下 2.□專科與大學 3.□研究所以上

職業：1.□學生 2.□資訊業 3.□工 4.□商 5.□服務業 6.□軍警公教 7.□自由業及專業 8.□其他＿＿＿＿

從何處得知本書：1.□逛書店 2.□報紙廣告 3.□雜誌廣告 4.□新聞報導 5.□親友介紹 6.□公車廣告 7.□廣播節目8.□書訊 9.□廣告信函 10.□其他＿＿＿＿

您購買過我們那些系列的書：

1.□Touch系列 2.□Mark系列 3.□Smile系列 4.□catch系列

閱讀嗜好：

1.□財經 2.□企管 3.□心理 4.□勵志 5.□社會人文 6.□自然科學 7.□傳記 8.□音樂藝術 9.□文學 10.□保健 11.□漫畫 12.□其他＿＿＿

對我們的建議：＿＿＿＿＿＿＿＿＿＿＿＿＿＿＿＿

＿＿＿＿＿＿＿＿＿＿＿＿＿＿＿＿＿＿＿＿＿＿

＿＿＿＿＿＿＿＿＿＿＿＿＿＿＿＿＿＿＿＿＿＿

大塊文化出版公司書目

touch 系列

01	10倍速時代	Andrew S. Grove 著 王平原譯	250元
02	未來英雄	John Brockman 著 汪仲等譯	330元
03	WWW.新家庭	Seymour Papert 著 賴慈芸 等譯	250元
04	量子管理	Stan Davies 著 何穎怡 譯	250元
05	顛覆廣告	Jean-Marie Dru 著 陳文玲 等譯	280元
06	版本2.0	Esther Dyson 著 李令儀 等譯	330元
07	NEXT	Michio Kaku 著 陳婷 / 徐中緒 譯	380元
08	80/20 法則	Richard Koch 著 謝綺蓉 譯	280元
09	亞里斯多德總裁	Tom Morris 著 游敏 譯	250元
10	16定位	Jeff Papows 著 李振昌 譯	280元
11	Net & Ten	Kevin Kelly 著 趙學信 譯	280元
12	Dell的祕密	Michael Dell 著 謝綺蓉 譯	280元

mark 系列

01	福爾摩啥	Psalmanaazaar 著 薛絢 譯	280元

02 西藏七年與少年達賴 Heinrich Harrer 著
刁筱華 譯 250元
03 聖經密碼 Michael Drosnin 著
杜默 譯 250元
04 絕對的藝術家 謝恩 著 390元
05 潛水鐘與蝴蝶 Jean Dominique Bauby 著
邱瑞鑾 譯 150元
06 革命前夕的摩托車之旅 Che Guevara 著
梁永安 等譯 250元
07 風聞有你，親眼見你 冉亮 著 250元
08 最後十四堂星期二的課 Mitch Albom 著
白裕承 譯 220元
09 迷幻藥，外星人，還有一個化學家
Kary Mullis 著
莊安祺 譯 250元
10 遲來的拳王 George Foreman & Joel Engel 著
李振昌 譯 280元
11 管理火星人的女人 Donna Shirley 著
劉燈 譯 楊祖愛審閱 250元

smile 系列

01 豺狼的微笑 Aquarius X 著
蔡志忠 繪圖 特別價69元
02 Peggy來占星 1
愛情魔法書 Peggy著 150元
03 成功致富又快樂 溫世仁 著
蔡志忠 繪圖 特別價69元
04 台灣黑色燴 于震 編寫 特別價99元
05 Peggy來占星 2
工作GoGo Peggy著 150元
06 清清醒醒過一生 Geoffry Bellman 著
丁佩芝 譯 180元
07 前途 溫世仁 著
蔡志忠繪圖 120元

08	女人要帶刺	Roberta Gregory 著	
		何穎怡 譯	特價120元
09	台灣經濟的苦難與成長	溫世仁 著	
		蔡志忠 繪圖	120元
10	穿著睡衣賺錢的女人	Migi 著	180元
11	黑鳥麗子白書	黑鳥麗子 著	150元
12	現在流行吃素	黃怡等12人合著	120元
13	心靈深呼吸	王映月 著	150元
14	給女人靈魂的巧克力	Kay Allenbaugh 著	
		洪國鈞 等譯	200元
15	我在花花世界	陳樂融 著	150元
16	非常壞	Aquarius X 著	
		蔡志忠 繪圖	120元
17	跨世紀投資策略	謝金河 著	280元
18	台灣經濟的苦難與成長	溫世仁	
	(英文版)	蔡志忠 繪圖	120元
19	一生受用的金雞蛋	George S Calson 著	
		楊淑智 譯	280元
20	給我報報1997 年鑑	三目武夫等著	199元
21	天天都成功	洪啓嵩 著	
		蔡志忠 繪圖	120元
22	第二個命運	Dean Hamer 著	
		莊安祺 譯	250元
23	前未來	洪啓嵩 著	120元
24	顛覆投資策略	司馬相 著	250元
25	工作DNA	郝明義 著	200元
26	RU486：女性的選擇，美服錠的歷史		250元
		Etienne Baulieu 著	張天鈞 譯
27	選股投資策略	司馬相 著	250元

catch 系列

01	第五元素(VCD+彩色精裝書)		
		Akibo 視覺設計	450元
02	叛逆的天空(散文)	梁望峰 著	120元

03	寂寞裡逃(散文)	梁望峰 著	120元
04	小茜茜心靈手札(漫畫)	韓以茜 著	150元
05	The Making of 小倩	徐克 著	特價700元
06	千女遊魂(小說)	朱衣 著	150元
08	天若無情(小說)	梁望峰 著	120元
09	墮落天使(小說)	梁望峰 著	120元
10	在地球表面漫步(散文)	張妙如 著	150元
11	全職殺手之一	彭浩翔 著	180元
12	全職殺手之二	彭浩翔 著	180元
13	小明(漫畫)	歐陽應霽 著	150元
14	光合作用	張妙如 著	250元
15	背著電腦，去歐洲流浪	劉燈 著	280元
16	小小情詩	韓以茜圖／文	180元
17	在台北生存的一百個理由	馬世芳 等合著	450元
18	進攻女生宿舍	彭浩翔	150元
19	交換日記1	張妙如 徐玫怡著	150元
20	流浪者的廚房	徐世怡	180元
21	交換日記2	張妙如 徐玫怡著	150元

tomorrow 系列

你能懂一東亞金融風暴	溫世仁 著 蔡志忠 繪圖	150元
2001年第二次經濟奇蹟	溫世仁 著 蔡志忠 繪圖	150元
你能懂一生命複製	吳宗正 何文榮著	150元
你能懂一多媒體	鄒景平 侯延卿著	150元
日本IC教父川西剛	川西剛 著	250元
媒體的未來	溫世仁 莊琬華 著	150元
你能懂一千禧蟲危機	鄒景平 張成華著	150元
你能懂一東亞金融風暴(英文版)	溫世仁 著 蔡志忠 繪圖	180元

PC Pink 系列

網路是一條口紅	Peggy 著	280元

Sense 系列

12星座穿衣術	朱衣著	120元

大塊文化出版公司 Locus Publishing Company
台北市117羅斯福路六段142巷20弄2-3號
電話：(02) 29357190　傳真：(02) 29356037
e-mail: locus@locus.com.tw

LOCUS

LOCUS

LOCUS